割烹
神谷

ちゃんぽん
焼肉
Kollabo

八幡

やきそば屋

中華料理
海員閣
龍城飯店

そば

CARAVAN COFFEE
COFFEE IZUMI PARLOR
CARAVAN COFFEE

おかめ

喫茶 ロジェ

中国料理

中華料理
松葉
03-3951-8394
炒飯
やきそば
つけめん
松葉
つけめん
ラーメン

ビヤホール
ランチョン

Lorena

おみやげコーナー
ラーメン
定休日 水曜日
りんりん

Call
レストラン
クラーク亭

あじ盛
御食事処
一番搾り

昭和平成令和定食紀行

今 柊二

竹書房

人生は「ステキな定食」を
探す旅である。

昭和平成令和定食紀行

第3章 焼きそば vs チャーハン

第4章 東京メトロに乗って首都圏定食漫遊

第5章 作家と食

第6章 北海道から九州まで全国定食紀行

【コラム】

※本文中に出てくる飲食店のデータ（店の有無、場所など）は文章中に記された日付時点のものか、2021年9月末現在のものです。値段は基本的には税込み価格で表記してあります。執筆時以降、データが変更されている可能性があるので（値段が上がったとか、閉店したとか）もありますのでご注意ください。

はじめに

定食を店で食べるシアワセ

昼下がり。ややランチタイムを過ぎたくらいのタイミングでオフィスを出て、ふらふらと駅の近くをさまよい、その日の気分と店のメニューを見比べて食事場所を決める。「今日は魚か、中華だな。…うーん、やはりここでサバ塩！」と言う感じ。もしくは出先で「ずいぶんサラリーマンの出入りの激しい店だな、定食の種類も多いぞ。あ、ミックスフライにホタテがある。ここだ！」などと良さそうな店を選んで訪問する…大人になってから30年以上、続けてきたこの行動が、いかにかけがえのない幸せな行為であったかがわかったのが、この2年間だった。２０２０年春以降全世界で猛威を振るった新型コロナウイルスの感染予防のために我々は様々な制約を受けた。外食は最たるもので、感染リスクを恐れた客の足が遠のいたことにより、休業、もしくは閉店を余儀なくされた店も多かった。一方、店の努力と長年通い続けた常連客の愛によって、継続している店も少なくない。

そんな折、長年私の本を作ってくれているシバタさんから、本書の企画を打診された。メイン企画は「昭和から続く名店を中心に紹介してほしい」と！　なんとグッドタイミング！　長年続く店には、今回のコロナ禍も含めて困難な時期が何度かあったわけで、それを乗り越えてきたということは、店には限りないパワーがあるということだ。実は「店で食事をする」ということは、「店で食べることでパワーをもらっている」ことにつながる。店の佇まい、居心地の良さ、お店の方の気持ちの良い対応、にぎやかな他の客たち…。それらが定食の各料理とブレンドされて、おいしさを一層向上させ、客に元気をくれるのだ。２０２０年春の最初の緊急事態宣言の際には、私も自宅で買ってきた弁当を食べることが多かったが、まさに「味気なかった」。やはり、「食」って、「周辺」部分がすごく大事だったのだ。新型コロナウイルスによって、様々な制約を受けたことによって、本当に大事なことが見えてきたのだ。

ということで本書。定食評論家としての私のミッションでもあるけれど、店で定食を食べるシアワセを、読者のみなさんにお届けできればいいなと思って書き上げました。２０２１年10月現在、ようやく感染状況も収まりつつあるように見える。なんとか、このまま収束して、以前のように、みんながふらふらと気の向くまま定食を食べに行ける日が来るように強く願っています。

今柊二

編集……柴田洋史
装丁・本文組版……水木良太
カバー&扉&メニューイラスト……松岡脩二

第1章

昭和〜平成〜令和を生き抜いた
全国名店行脚

「昭和～平成～令和を生き抜いた全国名店行脚」

まずは、本書のタイトルにもなった「昭和～平成～令和」と3つの時代にわたって、歴史を紡いできた11の名店を紹介します。ただ、なかには昭和どころか、大正、明治から続く名店も含まれています。いずれも、店の佇まいや醸し出す雰囲気、そして続いてきた歴史自体が料理のおいしさに強く関与している。是非、次の時代まで続いてもらいたいものだ。

北海道・苫小牧

第一洋食店

100年の歴史を誇る名店の素材の良さを活かした「鮮魚フライの盛り合わせ」

所用があって札幌に行くことになった。そうだ、せっかくなのでまた苫小牧の『第一洋食店』に行こう。札幌から行くとなるとちょっと遠いが、新千歳空港からはそれほど離れてはいない。

かくして、13時くらいに苫小牧に降り立つ。王子製紙の巨大な煙突を右手に見つつ海の方に10分ほど歩いていくと、ありましたよ『第一洋食店』。ここは昭和どころじゃなくて、なんと大正時代創業（大正8年・１９１９年）の歴史あるお店なのだ。先日、ちょうど１００周年を迎え、苫小牧市美術博物館で特別展（「第一洋食店の１００年と苫小牧」２０１９年7月13日~9月16日）もあったそう。それも見学したかったが、とりあえず、こうやってまた来ることができて感無量ですね。

ナイスな外観は、前回訪ねた時から全く変わらない。入店すると、内部の重厚な雰囲気も変わらず。おかみさんに挨拶して、真ん中あたりの席に座る。私が座った席の反対側には老夫婦を中心とした大家族が静かに会食している。店内にはオペラが鳴り響いている。ああ、ステキな店内。

さて、今日は何をいただくか。メニューを見てまだ食べたことのない、「鮮魚フライの盛り合わせ」１３００円（本体）にしよう。おかみさんに注文。ナイフとフォークがサーブされる。うふふ。最初

エビとホタテがゴロゴロ、それにサヨリも加わった豪華な「鮮魚フライの盛り合わせ」

にスープ。なんとヴィシーソワーズ。これは初めてだ！　「夏はこれなんですよ」とおかみさん。では早速いただこう。冷たくてさっぱり。そして爽やかでかつ丸い甘味があって実においしい。スルスルと飲んでしまう。あー、このスープを飲めただけで、苫小牧まで来てよかったよ。感動して飲み干し、しばしテノールのソロの歌曲をうっとり聞いていると、続いてメインのフライ登場！　おかみさんはウスターソースも持ってきてくれた。これは実にスゴイ！　さあ食べるぞ。

どれから行くか。悩むが、やはりエビの誘惑にはかなわないので、エビフライをナイフでサクリ。おお、フライの下にはタルタルソースが敷かれているんだね。プリプリのエビを包むやや柔らかな衣。素材の良さを最大限に活かしているなあ。このままでもいいけれど、せっかくなのでウスターソースもジョボジョボとかけてみよう。タルタルにウスターが加わり、味の輪郭がくっきりし、おかず力がグンと増した。受け止めるご飯は柔らかくおいしい。

続けて何を食べるか。サヨリは後にして、この平べったいのを食べよう。なんだろう？…うっ、なんとこれはホタテ。甘い！ フワフワ気味の柔らかい衣が素材の良さを引き立てているよ。これもタルタル＋ウスターソースの攻撃。…エビとホタテが豪華にあって、サヨリが1つというバランスもすごい。普通はサヨリが複数あって、エビとホタテは数が少ないのだが。

ではその1つだけのサヨリを食べよう。…これも軽やか。やや塩分があるが新鮮。新鮮だけではなく、しっかりと「洋食」が受け止めている感じですね。では添えられているポテトのフライを。しっかりと揚げられ、ニンジンのグラッセも手抜かりない。実に素晴らしい。「これもどうぞ」とおかみさんがサラダもサービスしてくれた。トマト、レタス、キャベツ、キュウリとオーソドッ

クスなサラダだが、ユニークなのはケチャップで食べるところ（自家製とのこと）。野菜も新鮮だね。おいしくいただき完食。食後は定番のハスカップアイスとコーヒーをいただき、『第一洋食店』を満喫したのであった。

（2020年8月）

追記：帰りにおかみさんに前述の特別展の図録をいただく。これがもう近代洋食史にとっては非常に貴重な一冊で、もう私の宝物です。ちなみに、同店の歴史は拙著『洋食ウキウキ』（中公新書）でも記しているのでやや重複するけど、ここにも記しておきます。

同店の初代の山下十治郎は横浜のグランドホテルで西洋料理の修行をした後、北海道に渡り、札幌の豊平館（洋館ホテル。現在は国指定重要文化財）でフランス料理の腕を振るったそうだ。その後、大正天皇（当時は皇太子）の行啓の際、ご宿泊所となった豊平館で食事の調理にあたり、引き続き、道内のご巡幸のお供をして、当時の苫小牧村に建設中の王子製紙苫小牧工場の迎賓施設・王子倶楽部でも奉仕した。そこで、1910年に工場は操業を開始し、とかく来客の多かった王子倶楽部から司厨長としてとどまることを要請され、同倶楽部に勤務することとなった。これが1911（明治44）年のことで、その後の1919（大正8）年には独立して、『第一洋食店』を開店したのであった。

千葉・綾瀬

味安

地元から絶対的に支持されている〝ザ・定食屋〟「マコカレイ煮付とメンチカツ」W主役定食

取手で朝から用事があるので前泊することに。早めに取手に向かって夕食を食べようかとも思ったが、せっかくなので、途中の綾瀬で降りることにした。ここは常磐線であり、東京メトロの駅でもあるよね。なぜ、綾瀬で降りたかと言うと、この街に以前から一度訪れて見たかった〝定食の聖地〟があるからだ。それは『味安』。1978（昭和53）年開店の老舗だ。地元の「パンダグループ」（株式会社ザアート）の経営で、他にもラーメン屋や中古車センターなどを展開しているそうだ。へえ。

ちなみに、綾瀬駅前はとても賑やかでなおかつなんだか親しみやすい（「おかしのまちおか」も「ブックオフ」もある！）。安いチェーン店もふんだんにあり、とても住みやすそうだ。微妙によく知らない街を夜にふらふらとさまようのは悪くは

甘辛いタレで柔らかく煮付けられたカレイとサクサクメンチのツートップ!

ない。特に、前泊の夜という非日常の状態だからなおさらだ。

綾瀬駅近辺から離れていくと、街の賑わいは急に終わり、すぐ暗くなってしまう。このいきなり感も郊外っぽい。そんな暗闇の中を12～13分歩いて行くと、突如「定食・弁当　味安」と書かれたオレンジ色の看板が現れた。おお、着いたぞ。訪れたのは日曜日の18時30分くらいだったが、なんと満員で表にも少し人が待っている！　これはスゴイ。

まずは案内に自分の名前を書き、やはり名店なのだと期待に胸を躍らせつつしばし待つ。表の黒板には今日の定食が10種類くらい書かれていたが、もういくつか売り切れになっている。組み合わせメニューも多く、お得感がありそうだ。どれにしようか悩んだが、③「マコカレイ煮付とメンチカツ」（870円）で行ってみよう。

ほどなく、店のおやっさんが名前を呼んでくれたので入店。おお、カウンターの端というゴールデンな席。ラッキー。おやっさんが水とおしぼりを持ってきてくれたので、「本日の定食」の中から③を注文。店内はステキな活気に満ち溢れている。みなさんとても楽しそうだ。店中に愉快なオーラが漂っている。この雰囲気に浸っているだけで、幸せになってくる。ああ、弁当も販売しているんだね。かくして、お姉さんが「お待ちどうさま！」と持ってきてくれる。これは！　実に素晴らしい紛うことなき「ザ・定食」！　おかずがツインで涙が出てきそうな豪華さ。

ではまず味噌汁からいただく。油揚げとワカメの具。ほどよい熱さ、ほどよい濃さ、そしておダシがズドンと効いている、うんまい味噌汁。最高だ。定食屋の味噌汁として、完成された味わいだよ。

続けてマコガレイにいってみよう。もう、夜に煮魚を食べられるだけで、おっさんとしてはテンションが上がるな（笑）。関東らしく、甘辛く煮付けてあって、柔らかいマコガレイの身が米を呼ぶ呼ぶ。すかさずご飯を食べると、ツヤツヤでとてもいい米！　箸が止まらない。それではもう1つのおかずのメンチカツにソースをかけて、添えられている辛子を塗って、一口パクリと食べる。サクサク衣に、中身は肉ミッチリの予想通り、いや予想以上の出来の良さ。このメンチだけで十分に主役を取れるほどの実力者だよ。そうだ、お新香も食べよう。キャベツ、キュウリ、ニンジンの浅漬けで、ザクザクと小気味よい歯ごたえ。さらに、ひじき煮も付いていてうれしい。ではカレイの表を食べたので裏返す。…失敗（笑）。でも丁寧に食べる。おっさんになると魚を丁寧に食べるようになりますね。かくしてメンチの残りも食べ、キャベツも食べ、完食。続々と客が入ってくるので、長居は無用とスパッと席を立つ。

満足感をお店の人にぜひ伝えたいと思い、レジでお姉さんに「いやあ、最高でした。遠くから来た甲斐がありました」と言うと「あら、どちらから？」と。「町田です」と伝えると、お姉さん目を輝かせて「私の実家は相模大野よ！」と。おお！「でも千代田線でつながっているから」と言うと、「それでも遠いところありがとう」と笑顔。いや、本当に最高の店だ。絶対また来ようと思って、綾瀬の暗闇に戻ったのであった。

（2019年11月）

東京・浅草

神谷バー

明治創業　伝統酒場の小鉢も充実したリーズナブルな日替わりランチ

よく晴れた気持ちのいい11月の昼過ぎに浅草にやって来た。浅草はとても心落ち着く街だ。特に40歳を超えたくらいから、とても居心地がよくなった。定番で行きつけの店があるのもいい。名店も多いが、たいていは気楽に入れるのがナイス。浅草寺があるのもステ

キですね。神楽坂、人形町も同様に街の中心に神社仏閣があり、大好きな街だが、両方の街とも移動途中で寄ることができるのに対して、浅草はわざわざ来る街だ（まあ、これは私の都内の用事の事情によるのだが…）。私は東京メトロ銀座線で来ることが多い。ちょうど終点だからね、浅草は。

今回はぽっかりと2時間ほど空いたので、それならばということで、銀座線でやって来たのだ。コロナのせいでか以前よりも空いているな。雷門のあたりも向こう側が見渡せるほどだ。さて、どこで食べるか。やはりお気に入りの『神谷バー』に行こう。ここも1880（明治13）年創業の老舗ですね。最初は『みかはや銘酒店』として洋酒の一杯売りをやっていたそうだが、1912（明治45）年にいまの『神谷バー』となったそうだ。名物の電氣ブランデーは1882（明治15）年に誕生している。

さて、『神谷バー』はバーとは言いつつ、2階がレストラン、3階が割烹になっている。ランチはどちらもあるが、今日は割烹の「チキンソテーデミグラスソース」（750円）がおいしそうだったのでそちらに行ってみよう。趣のある階段を登って3階に。ここは初めてだな。落ち着いた雰囲気の店内。4人席にゆったりと座らせてもらう。蝶ネクタイをした店員さんがやって来たので注文。出てきたお茶を飲みつつ待っていると、後から入ってきた4

人組もランチを頼み、ご飯を大盛りにしていた。店員さんに聞くと、ご飯の大盛りはタダだそうなので、私もそうしてもらう。かくしてランチが到着。…これは素晴らしい。見事な定食だ。小鉢が３つも付いていて、感激しますな。

お手拭きで手を拭いて、味噌汁からいただこう。三つ葉とワカメと豆腐。直球のおいしい味噌汁。上品かつ、味の濃さもちょうどいい。続けてチキン。料理名通り、デミグラスソースがたっぷりとかかっている。ホカホカでとても肉は柔らかい。皮の部分はカリカリだし、言うことはないな。チキンを受け止めるご飯の炊き加減も抜群。さすがは老舗。仕事がきっちりとできているな。

小鉢も食べよう。まずはゆず大根の漬物。これは大根の歯触りがいい。続けて、

メインのチキンだけでなく、小鉢が３つも付いていると心が豊かになります

大根おろしの明太かけ。これはおかずにできるな。ご飯も大盛りにしたからたっぷりあるしね。チキンの付け合わせのトマト、レタスのサラダもうれしい。マヨネーズも付いていて親切だ。しかし、この充実の内容で、なんと750円。これは安いよね。あ、3つ目の小鉢、お浸しも食べよう。なんと菜の花と長芋。これは体に沁みるなあ。小鉢が3つもあると、何だか心が豊かになるなと思いつつ食べ終える。最後にお茶のお代わりをもらって飲む。

…おっと、結構長居したな。空き時間も少なくなってきたので、定番の梅園で「あわぜんざい」を食べるのは今度にして、舟和で「芋ようかん」と「あんこ玉」でも買って行こうと思って、席を立ったのであった。

（2020年11月）

東京・有楽町

おかめ

ダシがしみたおでんが体の芯からやさしく温めてくれる

晴れているけれども、寒風の吹く師走の平日。この後、秋葉原で用事があるので、銀座で途中下車して昼ご飯を食べて行くことに決めた。今日は銀座でどうしても食べたいものがあった。この時期ならではのおで

寒い季節には身も心も癒してくれるあったかいおでんは格別です

ん定食だ。とても寒いし、ちょっと胃腸も弱っていたので、やさしいご飯を食べたかったのだ。銀座でおでんの定食が食べられるとなると、それはもう『おかめ』ですね。ということで交通会館を目指し、地下一階の「おかめ」も『おかめ』に入る。ちなみに、この「おかめ」も『交通飯店』（152ページ参照）同様、1965（昭和40）年の交通会館創業と同時に開業したそうだ。『おかめ』本店は1946（昭和21）年とのこと。

さて、13時だが、わりと空いていた。一番奥の4人がけのテーブルにゆったりと1人で座らせてもらう。「あんみつ」や「蔵王あんみつ」も食べたかったが、今日はそれほど時間もないので、「茶めしおでん」だけにしよう。980円。注文して出てきたお茶を飲みつつ待つ。細長い店内は、みんなおはぎやあんみつを食べているな。そんな様子をぼんやりと見ていると、「茶めしおでん」登場。まさにこれだよ！　つぼ漬と辛子昆布が付いているのがうれしい。これでおかず力が格段に上昇する感じ。

では食べよう。おでんは、はんぺん、ちくわ、昆布、玉子、ごぼう巻、大根、こんにゃくの全7種類。最初は①はんぺんから。あー、柔らかい。噛むとじわ～っと、ダシが口の中にひろがっていく。このやさしいおかずを茶めしがしっかり受け止めてくれる。あー、気持ちが落ち着くなあ。では一つずつ食べていこう。②昆布（これも柔らかい）、③こんにゃく（子どもの頃はかなり好きだった。今でも好きだけれど。小学校時代に友だちが塩を少しかけて食べるとうまいと言っていたので、真似してしばらくそうして食べていたことを思い出した。駅の近くで、立ち食いおでんの店があってそこでも細く切った串に刺したこんにゃくを食べたな。溶け切っていない塩のジャリッとした感じがナイスでした）、④ちくわと食べ進む。では続いては⑤大根。…はんぺん以上にダシがしみていて、おいしいい！　よし、元気が出てきた！　そこで大根は半分だけ食べて茶めしに移行し、つぼ漬と辛子昆布をおかずに食べ終える。残りは⑥ごぼう巻、⑦玉子。玉子はほっこりするなあ。そして一番最後に大根の残りを食べ完食。

あー、温まった。よかった。…食後のデザートとして「蔵王あんみつ」に心が揺れるが、もう時間がないので、それは今度の楽しみにしよう。会計をして店を出て、東京メトロの銀座駅に向かったのであった。

（2020年12月）

東京・人形町

小春軒

外はサクッ、中はひき肉たっぷり
まるでお手本のような直球ど真ん中のコロッケ

新春の昼時。東京メトロ日比谷線で人形町にやって来た。最近は、地上に一度出て、半蔵門線の水天宮駅までテクテク歩くようになった（乗り換えが可能なのだ）。地上に出て乗り換えは面倒といえば面倒だが、もともと人形町という街が大好きなので、むしろありがたい。この街はやはり水天宮という街の「ヘソ」があり、情緒あふれる街並みなので、歩いているだけで気持ちがよい。以前に出版した洋食の本（『洋食ウキウキ』）とスイーツの本（『スイーツ放浪記』〈中公新書〉）以降、この街の魅力に目覚めてしまった。

よし、今日は、洋食の聖地の一つ、『小春軒』でお昼を食べて行こう。何しろここは明治45（１９１２）年創業の１００年超の歴史を誇る老舗なのだ。甘酒横丁と反対側の通りを歩いて行くと『小春軒』はある。相変わらず暖簾もカッコいい。引き戸を開けて店内に入ると、まあまあの混雑。ちょうどカウンターが空いていたので、すみっこに座る。今日は「コロッケ（ライス付）」を食べよう。700円。しじみ汁100円も付けて、より定食らしく食べよう（笑）。計800円。注文して、水を飲みつつ待つ。それほど大きくはないお店だけど、おかみさんが温かく、店内もゆったりとした穏やかな空気が流れているので居心地がいい。客も落ち着いて食べているね。女性客も多いなあ。なんとも気持ちが落ち着くな。いい時間だと思っていると、コロッケ、ライス、そしてしじみ汁登場。予期したとおり、「ザ・定食」という感じだ（笑）。まずはコロッケとキャベツにソースをかけてと。ではしじみ汁からいただこう。

…しじみのダシがじわっと出ていて、温度も絶妙。熱すぎず、冷め過ぎず。濃さもちょうどいい。ではコロッケに。小判型のオーソドックスなコロッケが2つ並んでいる。ガブリと一口。衣はサクッ、そして中にはひき肉たっぷりのご機嫌な味わい。これは普通においしい。受け止めるご飯もナイスな感じ。全部真ん中に剛速球を投げてきている感じ。そして全部ストライクでおいしい！この店は他にも「特製カツ丼」など名物もあるけれども、こういう基本がちゃんとおいしいのがエライ。付け合わせはキャベツとポテサラ。ポテトが被ってしまった

が、このポテサラが、キュウリ、ニンジンも入っていて、シャキシャキして実にいい感じなのだ。
かくして、ご飯も食べ、ポテサラも食べ、キャベツも食べた。残っていたコロッケの半分を味わいつつゆっくりと食べ、ご飯とおかずは完食。最後にしじみ汁のしじみを丁寧に食べる。ああおいしかった。席を立ち「ごちそうさま」と会計して外に出る。子どもに『三原堂』でどら焼きでも買って行こうかと歩き始めたのであった（最近、マイブームなので）。

（2021年1月）

奇をてらわず、ひき肉たっぷりでオーソドックスなこれぞまさに"ザ・コロッケ"

東京・神保町　ランチョン

明治時代から100年以上続く老舗洋食屋の定番日替わりランチ

土曜の神保町。久しぶりに甥に会う。たまには、昼でも食べようということになり、神保町まで来てもらったのだ。私にとって神保町は都内でも最も熟知している場所だし、なおかつランチの選択肢が多い街だからね。甥は東京の大学で学び、この春からそのまま都内の会社に就職したが、神保町はどうも初めてらしい。となると、やはり王道の『ランチョン』に行こう。ちょっと華やかで、美味しくて、値段もそれほど高くないからね。

ここは昭和どころか、なんと明治42（1909）年に西洋料理店として開業したそうで、100年以上の歴史を誇る名店なのだ。それなのに、お店全体の雰囲気が気さくな感じで、そこもまたとても大好きな理由だ。

さて、入口から入り、いつものように螺旋階段を登って入店。適度に混んでいるな。奥の方のテーブル席に案内される。何にしようかと思ったが、やはり「日替わりランチ」だろう。今日は「和風ハンバーグと白身魚のチーズ焼き」。おお、いいじゃないか！　甥も

同じのにするそうだ。せっかくなのでビールを飲んでも良かったが、私はこの後用事があるし、甥も下戸なのでやめておくそうだ。しばし田舎の話や甥の仕事の話などを聞いたりしつつ待っているとランチ登場。お、相変わらずステキ。

　まず水を飲んで態勢を整えてハンバーグから。下にはマッシュポテトが敷いてあって、上には大根おろしとカイワレ大根がのっている。ハンバーグの肉はジューシーで柔らかく、マッシュポテトと合わさって口に入ることにより、さらにまろやかな味わいとなり、そこにカイワレと大根おろしの若干の辛さが重なり、絶妙なハーモニーとなっている。いやあ、ご飯が進むなあ。あ、付け合わせのキャベツも食べよう。これは定番の「トマトのドレッシング」をかけてと。これがまたおいしいなあ。案の定、ご飯があっという間になくなったので、甥と共にご飯のお代わりを頼む。ここはご飯のお代わりが無料でできるのだ。「おじさんも元気ですね」と甥。ええ、まだまだ食欲は絶好調ですね（笑）。

　では、今度は白身魚に取りかかろう。淡白な白身魚にのっかったチーズのコクとこれまた敷いてあったほうれん草のしっとり感で新たなハーモニーのおいしさを生み出している。うーむ、最高。あ、そうだ、付け合わせのマカロニサラダも食べよう。「どれもおいしいなあ」と独り言をつぶやくと、「本当ですね！」と甥が相槌を打ってくれた。

ジューシーなハンバーグとマッシュポテトとの極上のハーモニーを味わえます

ただ、残念ながらこの『ランチョン』はビヤホールなので、コーヒーがない。ビールの香りを損なうからだそうだ。……ということで、食べ終えて会計をした後、『ブックカフェ20世紀』に行って、食後のコーヒーを飲んだのであった。

（２０２０年10月）

食後のコーヒーは『ブックカフェ20世紀』でいただきました

東京・北千住

りんりん

焼きそば+ご飯+餃子も付けて760円!
レトロな雰囲気漂うコスパ最強街中華

日曜日の夕方、東京メトロ日比谷線で北千住駅にやって来た。初めて北千住に来たときの1990年代に比べると隔日の感がある。西口に千住ミルディスができ、2004年にはマルイが開業。そして2005年につくばエクスプレス(TX)の新駅が登場し、さらに東口に2012年東京電機大学が開設された。ただでさえJR常磐線と東京メトロの千代田線、日比谷線、そして東武線の駅で大ターミナルだったのに、さらにパワフルな駅となってしまった。ただし、西口も東口も、相当親しみやすく、都内でもかなり好きな街だ。錦糸町、門前仲町と並んで、私の「都内三大拠点街」と呼んでいる。

さて、この後、東武線に乗って竹ノ塚まで行く用事がある。私の住んでいる町田から、この北千住は距離的にはちょっと離れているけれど、とりあえず小田急が千代田線直通でつながっているので、そんなに遠い感じはしないな。というより、私にとって「北千住駅」は北方の地へと旅立つ「スターゲート」なのだ。前述したように、東武線に乗って竹ノ塚

や春日部へ、常磐線に乗って、松戸・柏・取手方面へ、そしてＴＸに乗ってつくばに行く際に、電車を乗り換え、旅立つために缶コーヒーやパンなど軽食を買い込んだり、はたまた街で腹ごしらえをするのがお決まりだった。もっと言うと、北千住までは「日常」だが、北千住以北は「非日常」なのだ、私にとっては。まあ、東北旅行のための「上野」と似てますね。

…さてそれはともかく、用事の前にこの街で早めの夕食を食べて行くことにしよう。今日は、西口の彼方にある『りんりん』で食べて行くことに決めた。脇にガードのついている商店街を歩いて行く。この通りはまったく変わらない。途中イトーヨーカ堂1号店を通り過ぎ、交差点に出て、道路を渡って左側に『りんりん』はある。ちなみにここは昭和50（１９７５）年創業。

店内はカウンターだけの小ぢんまりした感じで、先客は3名。カウンターの真ん中あたりに座る。開けっ放しのドアから夕方の風が心地よく吹いてくる。水がすぐ出てくる。さあ、何を食べようか。餃子（２６０円）は決まっているが、ラーメンと焼きそばどちらにしようか迷ったが、今日の気分はやはり焼きそばだな。３４０円。そしてちょっと贅沢にライス（１６０円）も付けよう（笑）。焼きそば定

焼きそば＋餃子＋ライスにファンタ（グレープ）の組み合わせ。53歳のおっさんが食べる夕飯ではない気がしますが（笑）

食餃子付きですね。注文。あ、そうだ。今日はぜひ頼みたいものがあったのだ。それはファンタグレープだ！　私、ワインより絶対ファンタグレープの方がおいしい派なので。…と言うより宇宙有数のおいしい飲み物だと思ってるんでね。130円。合計890円。かなり豪華な食事となってしまった。

先にファンタが出てくる。瓶だとうれしかったが、やはり缶。それも500㎖（笑）。この店に最もふさわしい客は部活後の高校生だと思うが、そのロジックから行くと、この500㎖缶は間違いじゃないな。続けて、焼きそば、餃子、ライス、スープがやってくる。やはりとてもゴージャス。こんなに贅沢をしていいのだろうか（笑）。

まず、醤油、酢、ラー油で餃子のタレを作り、ファンタをコップに注ぐ。ではスープから。ネギの入った醤油味ベースで、直球の中華スープで心が落ち着く。続けて餃子を一つ。皮がもちもちとしていて、具とのバランスが絶妙なタイプ。

では焼きそば。具はキャベツとニンジンが入っていて、その上に全体的に青のりがかかっている。麺はモガモガするタイプ。やや味が薄く、あっさりしているので、ソースを足してなめらかにしてもいいが、私はモガモガ食べるのが好きなので、このまま食べ続ける。

途中ご飯も食べる。この組み合わせの場合、一体おかずがどれなのかが難しいところだが、なんとなく焼きそば、なんとなく餃子、なんとなくスープという三者連合おかず部隊という感じか。しかし、ちょっと量が多いなと思いつつ、ファンタを飲む。うまい。食事をしつつ甘い炭酸飲料を飲むのは久しぶりだ。子どもの時から考えると夢のような食事だ。それにしてもファンタ500㎖は夏でもないので多いな。もう水を飲んでいる場合でもないので、どんどんファンタを飲む。

かくして、米がなくなり、焼きそばがなくなり、最後に餃子が一つだけ残った。これをゆっくりと食べ、最後にファンタを飲むが、残念ながら少し残してしまう。ファンタを残すなんて、子どもの時の自分に叱られそうだ（笑）。過去の自分に「ごめんね」と謝り、席を立つ。

会計時に店の人に「相変わらず最高でした」と挨拶し1000円札を出す。「ありがとうございます」と笑顔で応えてくれ、おつりの110円をくれた。…ああ、お腹だけじゃなくて心も満たされたので、店を出て夕焼けで赤くなった北千住の街に戻ったのであった。

（2020年11月）

千葉・本八幡

停車場

商店街の路地裏にたたずむ洋食屋の手作り感満載のアットホームな絶品ハンバーグ

本八幡に来た。諸般の事情があり、千葉の中でもよく訪れる街となった。ＪＲ総武線・京成線、そして都営新宿線で来る方法があるが、最近は都営線で神保町からやって来ることが多いか。まあ新型コロナウイルスの影響もあるのかもしれないが、大体座れるので、よく眠れます（笑）。街自体も大きく変化した。特にＪＲ本八幡駅北口〜京成八幡駅のあたりは、高層マンションが建ち、街もきれいになった。ただし、いまだにところどころ味わいのある街並みは残っている。個人的に一番好きなのは、市川柏線の京成八幡駅とぶつかるところにある古書店『山本書店』近辺だ。まさに私鉄沿線という感じですね。ちなみにこの山本書店は古書好きにはたまらない超名店です。最近街歩きで、古本を買うことは減ったけれど、山本書店はほぼ毎回寄って、何かしら買ってしまいますね。

さて、雰囲気が変わらないのは、ＪＲ八幡駅の北口ロータリーを出て右側の小道もそうだ。大体良い店は集結していることが多く、これをして私は「良い店のシノイキスモス（集住）」と呼ぶが、この小道にも、『四季よし』『サイゼリヤ1号店教育記念館』、そして『停車場』が集結している。『サイゼリヤ』は名前の通り、記念館なので食べることはできないので、今日は久々に『停車場』に行こう。ここは1977（昭和52）年創業の老舗の洋食レストランだ。

訪問したのは13時30分だったので、ランチがやっていた。本日のランチは「和風ハンバーグ&ミックスフライ」で1000円。なお、「1000円」と記された下に「おひたし50円」と小さく記されているのがなんとなくカワイイ。日替わりランチは今日は水曜日なので「ナスのチーズ焼きハンバーグ」で1100円。う～ん、悩むな。でも和風ハンバーグかなと思いつつ、入店。おお、席の半分くらいお客さんがいるな。店内は落ち着いた洋楽が流れていて、みなさん静かに食事をしている。壁際に座わり、本日のランチを注文。ドリンク付きなので食後にコーヒーをいただく。店内奥に古時計がある。店内に貼られていた2003年7月19日付の読売新聞によると、同店のご主人の出身小学校（北海道壮瞥町の弁景小学校）の校長室にあった時計とのこと。統合で廃校となった

ちょっとゴツゴツした手作り感満載のハンバーグはホッとさせてくれるおいしさ

ため、もらい受けたそうだ。同小学校は1911（明治44）年開校で、当時からあったそうで、なんと100年以上前のもの！　すごいね。老舗のレストランでさらに歴史を遡れる時計があるなんて！

新旧織りなす本八幡的だなとか考えていると、味噌汁、そしてナイフフォーク、箸のトレイがやってきて、ランチ到着。…あれれ、「本日のランチ」じゃないな。ママさんに「あのお、私、本日のランチだったんですが…」と言うと、「すみません、間違えて日替わりにしてしまいました…」と。まあいいや。「いやいや、それならこれでいいです」とすまなさそうなママさんに伝えると、ママさん笑顔で

「ありがとうございます」と。いいね。だって、これすごくおいしそうなんだもの（笑）。

では、まず味噌汁から。ネギ、ワカメ、そして大根。ダシも利いていて実においしい。とても気持ちが落ち着く。続けてメイン。手作り感満載のハンバーグにナスがのり、チーズがかかっている。トマト、レタス、キャベツ、キュウリのサラダも付いている。よし、まずハンバーグからいただこう。ナスのしっとり感とチーズのトローリがハンバーグの肉と絡んでこれはとてもおいしい食べ物。味噌汁もそうだけど、この店はどこかアットホームな優しさも味わいだな。だから焦らないでゆっくりと食べる。野菜もたっぷりでいいね。食べ終えると結構満腹。お店の人が注文を間違えてしまったおかげでしたが、ある意味結果オーライでした。

続けてコーヒー到着。最初はブラックで。苦味がかっている。うまいな。そして深い満足感。続けて食後なので、砂糖とミルクを入れてデザート的に飲んでいると、古時計がボーンとになったのであった。


（2020年12月）

神奈川・菊名

サンロード

ケチャップライスをしっかり焼いた玉子で包んだ昔ながらの「オムライス」

ＪＲ横浜線と東急東横線が交差する菊名駅でほぼ毎日乗り換えている。おそらく人生の中で最も乗り換えている駅だろう。乗降客も多い駅だが、不思議とこの駅は昔からほとんど変わらない。２０１７年12月くらいから、乗り換えと駅ビルが新しくなったが、駅ビルと言っても、アトレやらルミネと言ったものではなく、ベーカリーショップとミニスーパーの「まいばすけっと」などがある程度だ。さらに街自体はほぼ変化がなく、平成はおろか昭和の匂いの濃厚な駅なのであった。だからというわけでもないけど、私的には落ち着けるいい店がいくつもある。中華料理の『おがさや』や焼肉の『横濱慶州苑』などだ。このあたりは私が神奈川新聞で連載している『かながわ定食紀行』でも紹介しているが、その中でもここでは横浜洋食の至宝『サンロード』を紹介しよう。

同店は１９７４年創業なので、まさに〝昭和平成令和食堂〟である。私自身もこの店

は１９９０年代以降ずっと通い続けていて、おそらく本書で紹介している店の中でも最も訪れているのではないか。同店にはナポリタンやアミヤキステーキ、バターライス、ボロニアハンバーグ、そして季節限定のポタージュ（激ウマ）など素晴らしくおいしい料理が数多くあるが、実は「オムライス」は食べたことがなかった。しかし、同じ職場の女性・Oさんが同店のオムライスを絶賛していた。彼女はオムライス好きで、元気をつけたい時はいつも、『サンロード』でオムライスを食べるそうだ。「私、フワトロ玉子のオムライスって、好みじゃないんです。玉子は薄焼きでしっかり焼いたタイプが好きなんです。その点、『サンロード』のオムライスは理想なんですよ！」と熱く語ってくれた。へえ。私も『サンロード』でナポリタンやハンバーグを食べると魂が復活していく実感があるが、そこまでOさんが言うのなら、ぜひ一度食べてみようと、とある月曜の昼過ぎに同店の前に辿り着いた。おお、なんとランチメニューにあったよ、オムライス。９５０円。では、早速、入店して、一番奥の大テーブルの端に座る。ランチのオムライスには飲み物が付いているので、アイスコーヒーにしてオムライスと同時に持ってきてもらう。初めて食べるのでワクワクするなあ。私がこの店に来始めた頃からずっと店内に流れ

玉子の黄色とケチャップの赤とのコントラストが美しい。まさに芸術です

ているオールディズ。シックな店内。何十年と変わらないこの感じがとても愛おしい。大好きな店が変わらずずっとあり続けてくれるというのは実にありがたいことです。

ということで、オールディズをぼんやりと聞いていると、店のお兄さんの威勢の良い声と共に、オムライス登場。素晴らしい！　実に美しいオムライスだよ。玉子の黄色とケチャップの赤、そして白いお皿とのコントラストが抜群だ。サラダ（トマト・レタス・オニオン）も付いている。

ではオムライスの右からスプーンを入れる。中はケチャップライス。薄焼き玉子はほどよく硬い。Oさんの言う通り、フワトロではないね。ケチャップライスの具は控えめに、ハムとグリーンピース。米はほどよい硬さで、リズミカルにサクサク食べていける。玉子の上にかかったケチャップをスプーンで満遍なくならしつつ食べる。うまいなあ。ここ『サンロード』は今まで何度も食べたことのあるバターライスも同様に炒めたご飯は抜群なんだな。サラダも食べよう。新鮮でシャキシャキ。透明のドレッシングがかかっていて、これが酸味と塩味のバランスがステキにおいしい。…かくして食べ終える。

それでは食後のアイスコーヒーをまずはそのままで。これが濃いアイスコーヒーで、味わい深くおいしい。量もたっぷりあるしね。ああ満足、ただ、食後なので少し甘味も欲しいなと思って、ミルクとガムシロップも入れてゆっくりと味わったのであった。

（２０２０年７月）

神奈川・横浜中華街

獅門酒楼

メインのおかず、ザーサイ、デザートも文句なし！リーズナブルなランチメニューが豊富な老舗の名店

大学の頃からしばらく横浜に住んでいた。そのおかげで、横浜に戻ると、とてもホームグラウンド感がある。なかでも、横浜中華街はとても大好きな場所だ。大学のときから通い詰めていて、中華街だけで一冊本も書き上げたほどである（『土曜の午後は中華街』〈神奈川新聞社〉）。今はずっと東京に住んでいるけれど（と言っても、神奈川と東京が微妙に混じり合った町田だが）、今でも時折中華街で会食したりランチを食べたりする。ということで、今回の本書の企画では、やはり中華街は外せない。今回は老舗を少し訪ねてみよう。

…健康診断の後の食事は、至福である。少なくとも朝食を抜いているので、お腹はペコペコだ。健康診断で重たい結果が出れば別だが、「少し気をつけて下さい」レベルだったら、「お役目御免」の開放感が全身にみなぎってくるよね。

私の場合、長らく健康診断の場所は横浜国大の隣りだった。横浜国大は私の出身大学である。横浜とは名ばかりの、保土ヶ谷区の丘の上の緑の多い住宅街のなかにある。まあ、この中途半端さと、ダサい雰囲気のおかげで（あくまでも当時ですよ。在学生の方は気を悪くしないでね）、田舎から右も左も分からず出てきた、私みたいな人間には、大層居心地のよい場所であった。

そんなわけで、健康診断が終わった後は、懐かしの横浜国大のだだっ広い構内、もしくは、ふもとに下り、相鉄線の和田町（ここもとても普通の街）に降りてふらふら歩き、中華や定食を食べるのが流れだった。本当は馴染みの店に入りたいところだが、大学を卒業したのが１９９１年で、馴染みの店はこの30年ほどで、ほぼなくなってしまったので、新規開拓をせざるを得なかったのですね。

まあ、本書に出てくる神保町や早稲田と異なり、横浜国立大学周辺は学生街と言うには、迫力不足で、学生相手の店もそれほど長続きしないのかも知れない。しかし、ただ一軒だけ、『盛光堂』という、団子や赤飯、さらには助六なんかを売っているお店だけが健在。ここの団子はとてもおいしい。ただ店内飲食ができるわけではないので、ここ

は団子をお土産に買って帰るくらいか。

ということで、今年も健康診断で横浜国大のあたりをふらつけるのを楽しみにしていたら、なぜかその健康診断の場所が移転した。なんと横浜のMM（みなとみらい）のカッコいいビルの中！ これは驚きでした。一応、送迎バスがあるけれど、MM線の新高島やみなとみらいからも歩ける。実際、検査をはじめると、システムも最新の自動化部分が増えてビックリ。最新の機器なので細かく調べられて、重たい結果が出るかと思ったら、意外に普通の結果に一安心。ということで、気持ちも軽やかになり、終了後は食堂で、MMの風景を観つつサービスのコーヒーをいただいた。このコーヒーサービスは、横浜国大の隣接時代からあったが、風景が違うと味わいも違う気がする（笑）。

さて、コーヒーをいただいた後は、どこでご飯を食べようかなと思案しつつ、MMをふらふらと歩く。もうこのあたりは目をつぶっていても歩けるくらい脳内に地図が入っている。みなとみらい大通りから桜木町駅前に出て、そのまま馬車道方面に歩いていく。今日はリュックの荷物も少ないので、楽々歩けるな。馬車道

のＭＭ線の駅まで来たら、右折して、神奈川県立歴史博物館の重厚な造りを観つつ、関内駅方面へ。このあたりで食べても良かったが、もう少し歩こうと思って、今度は左折して、横浜スタジアムの方へ。気が付くと中華街の玄武門が見えてきた(笑)。こりゃ歩きすぎだ。でもいいや。ここまで来たら中華街で食べていくことにしよう。コロナ禍で自粛傾向が続いてはいるものの、ようやく客が戻ってきた感じだ。どこに行こうかと思ったが、老舗の

『獅門酒楼』に決めた。ここは１９８３年創業、中華街大通りから中山路に入ったところにある。関帝廟も近いね。ランチも実にバリエーションに富んでいるのもポイント。

　とりあえず入店。結構客がいるな。一番奥の席に座る。「ミステリーランチ」という何が出てくるかわからない、魅惑的なメニューがあったが、残念ながらこれは売り切れ。ということで、週替わりの「木須肉（豚肉とキクラゲ、玉子の炒め）」にしよう。７４０円。デザートも付いているので、一緒に持ってきてもらおう。なんとデザートは3種類から選べるとのこと。「柔らか杏仁豆腐」か「濃厚マンゴープリン」か「紹興酒ムース」。悩むなあ…、でもやはりマンゴープリンにする。

かくして注文して、お手洗いから戻ってくると、まずはスープとザーサイ、その後にメインとライス、そしてデザートがやってくる。これは豪華だ。これで740円。やはり中華街のランチは素晴らしいよね。そして確認しておくべきことが。「まだご飯のお代わりはできるのでしょうか？」と。店員さんはニコリと笑って「大丈夫」とのこと！やった。そう、中華街のお店は基本的にご飯のお代わりができるのも偉いですね。

ではまずはスープから。「玉子、キクラゲ、ニンジン、菜」の入ったスープ。とろみがついていて、優しい味わい。とても気持ちが落ち着く。続けてメイン。玉子、豚肉、青梗菜、ニンジン、キクラゲのたっぷりと入った炒め物。味付けは絶妙な濃さ。単体で食べて

デザートも付いてご飯のお代わりもOK。中華街ランチのクオリティの高さがうかがえる豪華なランチ

も、おかずとして食べてもどちらでもイケる。スゴイ。とりあえず、ご飯をバクバク食べる。ニンジンはやや硬め、青梗菜はシャキシャキ、玉子と豚肉はしっとり柔らかく、キクラゲはシコシコと、異なる歯ごたえのハーモニーを堪能できるのも素晴らしい。いやあうまいわ。ご飯があっという間になくなったので、お代わりをもらい、第2ラウンドに突入。

箸休めにザーサイを食べよう。しっかりここでこしらえている味わい。横浜に住んでいた時、中華街で普通にザーサイ出てくるので、意識しなかったが、東京で中華食べると、あんまり出てこないし、出てきても、出来合いのものも少なくない。こういう各店できちんと作っているザーサイは実は貴重だったとわかった。大体、当たり前だと思っていたものがなくなったり、別の場所に行って、そのものが遠くに感じるようになると、改めて真価がわかるというのはありますね。この場合は、横浜中華街で「普通に食べていたもの」は、東京その他では「あまり食べられない特別おいしいもの」だと、横浜を離れてわかった次第であった。

…そんなことを考えつつ、ご飯の2杯目がなくなる。まだおかずがあるが、さすがに52歳なので、3杯目はやめておこう（笑）。残りのおかずを単体で味わいつつ食べ、食後のデザートのマンゴープリンに。…いやはや、名前の通りに濃厚！ これはおいしい。やはり、中華街はいつも私を裏切らないと実感しつつ、マンゴープリンにスプーンを入れ、食べ続けたのであった。

（2020年7月）

東京・東中野

大盛軒

創業から40年近く愛され続けている
名物「鉄板麺」を間違えた方法で食べてしまう…

前から噂には聞いていた『大盛軒』。東中野に用事があったので、土曜日の16時、行ってみることにした。駅の近くにある、カッコいい店構え。おお、通し営業をやっていて良かった。まあまあ混んでいるな。カウンターに座り、当店の名物、「鉄板麺」920円を注文。これは鉄板焼き+ライス+ラーメンのセットなのだ。出てきた水を飲みつつしばし待つ。客はずいぶんとヤングな客が多いな。店内にはさだまさしの「関白宣言」が流れていて、なんとも「昭和」な感じ。ちなみに、同店は1982(昭和57年)の創業だそうだ(※)。四国の実家にいる頃は、隣の中学生のお兄さんがさだまさしが好きで、よくギターで弾いていた。小学生だった私はかなり苦手だった。どうにも、中学、高校と進学した後、そのまま愛媛大学に進学して、下宿でさだまさしを聞いている自分が想像できてしまったからだ。おそらくその後は教員免許を取って、先生になるか、もしくは試験を受けて公務員になるか、さもなくば地方の企業に入るかで、自分の未来が透けて見えてしまうような「恐ろしさ」があった。その未来が「予定調和」だからなおさら恐ろしかった。…結局私は高校卒業後、上京して横浜の大学に入ったが、その志望理由の一つには、「予定調和からの逃亡」＝「さだまさしからの逃亡」があった。

…上京して30数年経ち、改めて東中野で「さだまさし」を聞いていると、もはやそんな「予定調和」の呪いが完全に解けたようだった。今は穏やかな気持ちで、ただ懐かしさだけで、聞き入ることができたのであった。ああ、良かった。…おっと、さだまさしに気を取られていると、ジュージュー音を立てつつ、鉄板麺が登場！ スゴイ迫力。とりあえず写真を撮ってと。漬物、カリカリニンニク、生玉子、鉄板焼き、そしてラーメン！ 素晴らしい。メニューにある食べ方としては、まず鉄板焼きにくぼみをつけて生玉子をオンし、カリカリニンニクをかけるとのこと。ところが、ついついご飯にくぼみをつけて、生玉子を落として、玉子かけご飯にしちゃったよ。あー間違えた。…でも玉子かけご飯も食べたかった

名物「鉄板麺」。ジュージュー音を立てる鉄板焼き定食と
シンプルなおいしさのラーメンのセットは迫力満点!

からいいか（笑）。

ではまず最初はラーメンのスープから（味噌汁の代わりですね）。これは上品かつ、透明な甘味のあるステキなスープ。麺も食べよう。平打ち麺の優しい味わい。これはうまい。続けて鉄板焼き。鉄板にキャベツと肉がのっていて、それがジュージュー焼けているんだから、間違いなくおかず力あるでしょう！ちょっと甘めのタレが絶妙。ご飯が進むよ。そしてそのご飯は間違えて作った玉子かけご飯だけど、とてもいい。「玉子かけごはん+鉄板焼き+ラーメン」だから、盆と正月が一度に来たようなごちそうだよ。さくら大根の漬物も箸休めにうれしい。カリカリニンニクも鉄板焼きにかけて食べると強くなれる気がしてきた。あ、タバスコもかけよう。少し酸味と辛さが出て、味変したな。いずれにしてもうまい。ご飯は大量にあったが、玉子かけご飯にした関係上、鉄板焼きが残りそうだな。さらにラーメンもあるので、「ご飯→鉄板焼き→ラーメン」の順に食べ終えることとしよう。鉄板焼きにはキャベツもたっぷりなので栄養バランスもいい定食だ。

…しかし、53歳のおっさんが食べるには少しヘビーすぎる気がしたが（笑）。そんな後悔もチョッピリしつつ、最後のラーメンに。麺を食べ、最後に海苔を食べ、スープを飲んで完食。ああ、お腹いっぱいで満足。ここは素晴らしい店だと感動しつつ、水を飲んで会計をして外に出たのであった。

…今度は是非タダシイ方法で食べよう。

（２０２０年７月）

※…『思い出食堂　No.48　鮭弁当編』（少年画報社・２０１９年10月発行）に連載の「なぎら健壱　バチ当たりの昼間酒　鉄板麺／魚乃目三太」より。本誌によると、創業時より「鉄板麺」はあったらしい。明大中野出身の創業者（現在はそのお子さんの二代目）が若い人向けに考案したそうだ。昔、新宿の東映の裏手にあった洋食屋で鉄板でジューっと出てくる料理があったそうで、それがお手本だが、味付けは全然違い、創業者が考えたそうだ。

第2章

「さあ、今日は何食べようかな」テーマ別探訪

・高田馬場『キッチンオトボケ』全メニュー制覇
・懐かしの味 喫茶店で食べるナポリタン
・牛丼だけじゃない！『松屋』の仲間を食べ歩き

『キッチンオトボケ』と私

　定食評論を志して以降、なるべく多くの店を訪ねるように心がけている。日中は仕事の関係上、恵比寿・渋谷近辺にいることが多いが、、別の街に行くときには新規開拓を実行することが体に染みついている。ただ、いくつかの例外があって、定点観測的というか、定番で訪れる店もある。そのうちの一つが早稲田の『キッチンオトボケ』。なぜ、このお店が私の定番となったのか。

　まず、定期的にJR東西線早稲田駅近辺で用事が発生するからだ。大体その用事は13時くらいに設定されていることが多い。そしてほぼ毎回一時間ほどで終了し、終わると14時前後、私にとってベストのランチタイムを迎える。日々夜中まで働いているので、常に昼食は14時以降なのだ。で、いつもうかがう用事先を出てすぐのところにあるのが『キッチンオトボケ』なのだ。

　ここは通し営業なのでいつでも入店できるのも通ってしまう理由の一つだ。

そして値段も大体500円くらいと、チェーン店より安い。もちろん、どの料理もおいしいし、何よりも居心地がいいのだ。ということで、年に数回は『キッチンオトボケ』に入ることになる。ちなみに、同店も1973（昭和48）年オープンなので、まさに「昭和平成令和食堂」だ。

そして、私の一年間を通してのキッチンオトボケ詣で、絶対に外せないのが12月末。仕事納めギリギリのタイミング（クリスマス後から大晦日手前くらいか）に、いつもの用事先に行き、それを終えて、そのまま『オトボケ』に行く。この時期注文するのはほぼ「カニコロッケ定食」と決まっている。

通りに面したカウンターに座り、師走の早稲田を歩く人たちをぼんやりと眺めつつ、熱々のカニコロをハフハフしながら食べる。そして食べ終わった後は、東京メトロに一駅乗って、神楽坂に行く。年末の神楽坂はとても風情があって、飯田橋に向かって坂道をゆっくりと下っているだけで、何かとても満たされた気分になる。途中神社もあり、正月のお飾りの店が出ているのもこの時期ならではの良い雰囲気だ。

そうだ。地下鉄の改札を出てわりとすぐのところにある「お菓子のまちおか」もほぼ必ず寄る。あれはある年の年末、いつものように立ち寄って不二家のハートピーナッツチョコを買って出てきたら、知り合いのウタコさんに偶然出くわした。彼女は元同僚で、現在はフリーの編集者。近くのS出版に用事があったそうだ。「年末に今さんに、それも、まちおかから出てくるところで会うなんて」とゲラゲラ笑われた。大体彼女とは、私のまぬけな行動の瞬間に出会うことがなぜか多い（笑）。…でも笑われたことで、なんとなく、年末の「福」があって、いいなと思って私も一緒に笑って楽しかったな。また同様に年末に、古いつきあいのGさんと待ち合わせて、神楽坂を下りたところにある『紀の善』であんみつを食べたこともあった。あれはとてもおいしい。食べた後、少し歩こうかと言っていたけど、もう夕方になってきて、年末独特のあまりの冷たい風に、それは止めて地下鉄に乗って帰った。

そうそう、年末の東京メトロは日に日に乗っている人が少なくなっていって、その寂しい感じもとても趣があって好きだ。

…ということで、私の人生にとって、とても大事な『オトボケ』なのだが、実はまだ食べたことがないメニューがたくさんある。何故かと言うと、かなりの頻度で、カニコロッケ、メンチカツ、チキンカツばかり食べてしまっているからだ。本書を書く上で、『オトボケ』は外せないと思ったが、あらためて振り返るとそういう事態だった。これではいかん、せっかくだからこの機会に全メニュー食べてみようと思い、以下のオトボケ紀行となりました（笑）。

※取材途中で、値上げに。原稿は取材時の値段で記しています。

①「メンチカツ定食」

肉とタマネギのバランスが抜群！　揚げたてサクサクメンチカツ

2月の寒い日、早稲田に用事があった。終了後、例によって、『オトボケ』に。さて今日は何を食べようか。全メニュー制覇の野望はあるが、今日は体調があまりよくないので、自分の食べたいものを食べよう。そうとなれば決まった。「メンチカツ定食」だな。

入り口の券売機でチケットを買う。530円。購入後、窓際に座り、チケットを取りにきたお姉さんに渡し、お姉さんの持ってきてくれた水を飲む。この窓際の席は結構楽しい。外を歩いている人々をまるで大型テレビを見ているように眺めることができるからだ。冬の透明な陽の光がさんさんとふり注ぐ中、学牛たちが歩いていくな。早稲田の学生たちだろう。

そんな様子をぼんやりと見ていると、「メンチカツ定食」登場。キャベツの上にメンチカツが2個。相変わらずステキな感じ。まずはメンチにソースをダラリとかけ、辛子ももらい、ご飯には刻み沢庵をのせて準備完了。

では味噌汁から。ワカメとネギの具。やや薄めの落ち着いた味わい。ああ安心。次はメンチカツに。ガブリッとまずは一口。揚げたてサクサクでいいわあ。肉とタマネギのバランスと、それほど高い密度でなく、絶妙の歯ごたえ。全メニューの中でも、チキンカツ、クリームコロッケと並んでベスト3に入るな。うん、間違いない。そんなことを考えつつ、ご飯をもりもり食べ、時折刻み沢庵をポリポリかじったのであった。

（2020年2月）

全メニューの中でも私的にベスト3に入る「メンチカツ定食」

②「肉茄子炒め定食」

トロリとした茄子と味噌と油でコーティングされた豚肉のベストコラボ！

早稲田で用事。今日はそれほど時間がないが、せっかくなので『オトボケ』訪問。12時50分なので、さすがに店内は混んでいるな。今日は未食メニューに挑戦しよう。さて何にしようかな。よし、今日は炒め系だな。「ジャンジャン焼定食」か、「肉茄子炒め定食」が良さそうだ。よし、今日の気分は茄子だな。券売機でチケットを買う。私に寄ってきたお姉さんが給水機の横に水の入ったコップを置いたので、それに従ってそこに座り、チケットを渡す。かくして水を飲みつつ待っていると、わりと素早く登場。「肉」「茄子」というだけあって、肉の量も圧倒的だ。

まずはいつものように味噌汁から。ワカメとネギの変わらぬ落ち着いた味わい。煮立っていなくて、これはとてもおいしい。…あ、そうだ、刻み沢庵ももらわなくちゃ。多めにもらおう。

ではメインの茄子から。しっかりと炒められ、トロリとした茄子。油を吸い込んでいてうまさ絶好調。続けて肉。ちょっと濃いめの味噌と油でコーティングされた豚肉はそりゃおいしいですね。おかず力も非常に強いのでご飯をバクバクと食べていく。…しかし、結構な量だな。

分厚いバラ肉と輪切りの茄子を濃いめの味噌味で炒めたパワー溢れるメニュー

いつもだったら問題なく食べられる量だけど、今日は体調が思わしくなかったので、野菜を含んだこの定食にしたのだが、意外と油ギッシュなので、後半がややつらくなる。最近蒸し暑くなったことも影響しているのだろう。肉を千切りキャベツの上において、肉のエキスをキャベツに移して、味わいつつ食べるが、それにしても肉の量が圧倒的なこともあって、やや負けそうになりつつ肉茄子とご飯を食べ終え、最後に少し残ったキャベツにソースをかけて食べたのであった。

追記…食事の後半はやや苦しかったが、不思議なことに食後には体調が復活。…やはり、『オトボケ』の効能はすごいね！また食べよう、肉茄子定食！

（2018年6月）

③「カツカレー」

通い続けて30年、これまでずっと避け続けてきたカレーに初挑戦！

久々の早稲田。用事は14時に終わり、絶好のタイミング。よしオトボケタイムだ。時間が時間なのでわりと空いている。よし、今日は意を決してずっと食べることのできなかったメニューにチャレンジしよう。それはカレー系。他のメニューと異なり、「定食」となっていないため、これまで手を出さなかったのだ。特に「野菜」がセットされていないことも注文を躊躇した理由でもあった。ただ、オトボケ全メニュー制覇の夢を実現するには乗り越えなくてはいけない壁であった（そこまで大げさな話でもないけど…）。しかし、カレー、カツカレーだけだと、後で胸やけしそうだ。無理を承知で一つ可能性を確かめてみるか…。

かくして入店して券売機の前に立つ。すると、店員のアジア系のお姉さんがそばを通った。「すみません、カレー食べたいんですけど、キャベツとか追加で付けてもらえますかね？」と聞くと、「はい50円です」と。…なんと。キャベツの千切りは＋50円で追加できたのであった。長年の懸案が一気に、そしてあっけなく解決した。とても簡単なことだったのね。それならばと「カツカレー」６３０円のチケット購入。そしてお姉さんに追加のキャベツ用に50円玉を渡し、給水機の隣に座る。コロナ対策のため、窓際の席は「隣は座らないで」マークが付いているね。そんな様子を見ていると、カツカレーとキャベツが登場。スゲー！　銀のトレイにキャベツが山盛りになっている。こんなに素敵だったのか、オレはこの30年間何をやっていたんだと反省しつつ、キャベツにダラダラとソースをかける。カツカレーも銀のトレイで、カレー

がなみなみと入っていて、福神漬が添えられているが、いつもの沢庵ももらっておこう。

では味噌汁から。あ、カレーでも味噌汁は付くんだね。うれしいな。いつものワカメとネギの具。ダシがほのかに効いていて、しみじみうまい。

ではカレーにスプーンを入れる。こぼさないように、左からスプーンを。30年間避けてきたカレー、具はタマネギのみのシンプルさ。適度な粘度のジャパニ

キャベツを別皿で追加できることを30年通ってて初めて知りました

ーズカレー。カレー専門店でも家庭でもない、これぞまさに食堂のカレー。昔はよくあった味だけど、最近はほぼ食べられなくなった懐かしの味わい。カツは揚げたてサクサクで、肉厚もちょうどいい感じ。全体としては絶妙のバランスに仕上がっている。カツカレーのカツって、主張すぎてもイケないのだ。カレーとともに主役を共演しないといけないから、互いに助け合う程度の主張が大事なのです。ああ、おいしい。

さらに、今回はキャベツの千切りも山盛りあるので、これで懸案だった胸やけもしないし、栄養バランスもバッチリだな。いやあ、うれしいと感動しつつ食べ進める。…あ、カツの下にはルーがない！　たっぷりあると思って潤沢にルーを使っていたが、軌道修正してルー資源を大事に食べないと。最悪ソースで増強する方法もあるが、今回はなんとか見事に運営できそうだ。いずれにしろ、これで学んだので、次回からはうまく運用できるな。

かくして、ほぼ完食。定食に比べて量的に少ないかと思ったが、実はかなりのボリュームでした。最後に少しだけ残しておいたキャベツをデザート的にいただき、私の記念すべきオトボケカレーデビューを終えたのであった。

（２０２０年７月）

④「カレーライス」

カツカレーのルーと違って大きな肉塊が2つも！

うーむ、死ぬほど暑い。気温を見ると34度。これはたまりません。しっかりご飯を食べないとまずい。今回は飯田橋で用事があり、それを終えて東京メトロで早稲田駅に。例によって、オトボケ制覇のためだ。今日は「カレーライス」を食べよう。先日、「カツカレー」を食べた際に、別注でキャベツを追加できることがわかったのでそのパターンで今日もいこう。カレーはカツカレーと基本は一緒だからいいかなとも思ったが、全メニュー制覇を掲げているので一応食べておかないとね。カレーは480円と、オトボケの中ではもっとも安い。

チケットを買って、今日は壁際に座り、チケットをお姉さんに渡しつつ、50円玉を渡して「キャベツもください」とお願いする。かくしてお手洗いに行って帰ってくると、間もなくカレーとキャベツが登場。いつものように刻み沢庵をカレーにもらい、キャベツにソースをかけて準備完了。

まずは味噌汁から。ネギとワカメのいつもの具。ああ、死ぬまで飲んでいたいおいしさだよ。続けてカレーに取りかかる。前回のときと比べてカツがない分、ご飯とカレーの配分を計算しやすい。カレーのルーは適度な粘度。カツカレーとルーはおそらく一緒だろう。

…ところが！　なんと大きな肉の塊が2個も入っているではないか！　これはカツカレーではなかった肉塊だ。素晴らしい！　カレーライスとカツカレーはちゃんと具の使い分けがあるんだね。肉は後で食べようと端っこに隔離し、食べ進め、途中でキャベツも食べる。このキャベツのおかげでずいぶんと爽やかな食べ応えになる。味噌汁も飲んで後半戦。

ここでちょっと、やや反則気味だが、ルーにソースをかける。本当はウスターソースがいいんだが。ソースをかけたことで、違ったスパイシーさと酸味が加わって、別の世界のおいしさに変身した。そして一番最後に取っておいた肉塊を食べる。ああ柔らかくておいしいわ。カツカレーだけでなく、ちゃんとカレーも食べてよかった。何事もチャレンジしてみないと真価はわかりませんね（笑）。

（2020年8月）

後半戦はルーにソースをかけて味変させていただきました

⑤「ジャンジャン焼定食」

甘さと辛さのバランスが絶妙の味付けのジャンジャン焼定食

地下鉄の早稲田の駅を出ると、自然と『オトボケ』に足が向く体になってしまった（笑）。9月も終わりなので、暑さも和らいだが、まだ日差しは強いな。今日は未踏のメニュー、「ジャンジャン焼定食」を食べよう。お値段は600円（当時）と、ふだん私が食べている500円ランチより若干高いので、これまで食べたことがなかったのだ。

訪れたのは土曜の14時30分。店内はとても混んでいたが、それでもどこかに座れるのが『オトボケ』の素敵なところ。券売機でチケットを買い、真ん中の大テーブルに座り、お姉さんにチケットを渡す。ぼんやり店内の様子を眺めているとわりとすばやく登場。

おお、こういう感じか。パッと見た感じは豚の生姜焼き的な佇まい。ではいつものように、ご飯の上に刻み沢庵をもらい、準備完了。

まずはネギとワカメの味噌汁を飲んで心を落ち着かせ、未知のメニュー、ジャンジャン焼に。焼肉がキャベツの上にのっているパターンですね。早速食べてみると、肉がとても柔らかくて、タレの濃さがちょうど良い。甘さと辛さのバランスも絶妙ですね。すかさずご飯をかきこむと、もう抜群のおかず力。うまいうまいとご飯をもりもり食べてしまう。

　そして肉の下にあるキャベツに肉の旨みとタレがじわりと浸透していて、いい感じにクタッとなり、抜群のうまさになっている。焼肉の下のキャベツって、すき焼きのネギと並ぶほど、主役よりもうまくなっているかも知れない。そんなことを考えつつ、ご飯を食べ終え、最後は、少しだけ残しておいた肉とキャベツをゆっくりと堪能したのであった。

（2019年9月）


アッという間にご飯が減ってしまうほどのおかず力!

⑥「トンカツ定食」

衣は薄目、肉はやや脂身の多い
懐かしい味わいのボリューム満点「トンカツ定食」

雨の降る土曜の早稲田。11時20分だが、今日はこの後に中野で用事があるので、早めに昼食を食べておこう、ということで、『オトボケ』。いよいよ初メニューの「トンカツ定食」にチャレンジする日がやって来た。というのも「トンカツ定食」のお値段は６８０円と、ミックスフライ定食と双璧する、同店の豪華メニューなのだった（笑）。

入口でチケットを買って、窓際に座る。さすがにこの時間は店内もとても空いている。いつものようにお姉さんが水を持ってきてくれたので、飲みつつ秋雨が降る早稲田の街並みをぼんやりと見る。ようやく暑い夏が終わって、少し涼しくなったな。夏よりは少しだけ、若い人が街を歩いているようだ。

しかし、早稲田大学はコロナ禍による、オンライン授業がメインのようで、かつてのような街に大学生がうじゃうじゃ

『オトボケ』で最も高価なトンカツ定食。想像以上のボリュームでした

いるという感じではまったくない。オンラインには限界があり、いつまでもキャンパスに学生を入れないと、大学はもちろん、この早稲田の街も滅んでしまいそうで、とても恐ろしい。

そんなことを考えていると、「トンカツ定食」登場。…これはデカい！ キャベツをトンカツが覆い隠してしまっている！ こんなにデカいとは思わなかった（笑）。

では、まず辛子をもらって、トンカツにソースをダラダラーっとかける。そして刻み沢庵を多めにもらって、準備ＯＫ。

まずはいつものルーティン、味噌汁から。ワカメとネギが具の爽やかな味わい。ああ、気持ちが落ち着く。まだ午前なので、さらに爽やかな気がする（笑）。

それではいよいよカツにいってみよう。6ピースにカットされている。右から二番目から食べよう（昔からのなんとなくのこだわりです）。サクリと衣は薄め。肉はやや脂身多く、懐かしい味わいのカツ。トンカツ専門店でもトンカツチェーン店でもなく、まさに定食屋のトンカツの味わいだよ、これ。これはこれでとてもうまいな。ただし、カツの衣は外れやすく「すっぽ抜け問題」が生じてしまいそうになる。そのため衣と本体を自分でくっつけて食べ進める。

続けて左から1番目、左から2番目、そして右から1番目を食べる。う〜ん、だんだん苦しくなってきた。こんな時、沢庵を食べると口の中が爽やかになるのでとても大事。

さらにキャベツも食べて調子を戻して、左から3番目、右から3番目を食べる。ここが真ん中なので、一番おいしい（と思う）ので、最後に食べるようにしているのだ。…なんとかご飯とカツを完食。いやあ、想像していた以上にスゴイボリューム。とてもご飯をお代わりしたり、大盛りにしたりする余裕はないね。

かくして最後に残りのキャベツにソースを足してかけてもりもりと食べ、冷たい水をごくりと飲み、「ごちそうさま」と店の人に伝えて外に出たのであった。…680円なので、高級なのだと思っていたが、実はお得なメニューだったのだ（もっともオトボケが全体的にお得なのだが）。

（2020年9月）

⑦「ハンバーグ定食」

目玉焼きも付いてビジュアル的にも美しい ふっくらジューシーな「ハンバーグ定食」

駒込のあたりで用事が夕方に終わる。9月も最終週に入ると、この時間はずいぶんと涼しくなってきた。今日はタイミングを逃してしまい、昼ご飯を食べないままに17時になってしまった。この後も仕事が続くので、ここで食事を取っておかないと厳しい。ということで、地下鉄南北線を飯田橋で東西線に乗り換えて、早稲田駅で降りて、『オトボケ』に行く。よし今日は未食の「ハンバーグ定食」を食べよう。長い『オトボケ』の歴史の中では、ハンバーグは比較的最近誕生したメニューなのでとても気になっていたのだ。

入口の券売機でチケットを買う。650円。『オトボケ』の中では高級な部類の値段(笑)。また窓際に座る。この時間の『オトボケ』ってほとんど来たことがないけれど、店内はわりと空いている。早稲田大学はまだ対面授業を再開したわけではなく、オンライン授業が中心だからというのもあるのだろう。それにしても、いつになったら、この街の大学生たちは戻ってくるのだろうか。とりあえずマスクを外して水を飲む。このマスクも一体いつ

ふっくらとして、うまい!としか言いようのないハンバーグ

までつけ続けるのかね。…気がつくともう半年以上つけているよな。少なくともこの冬くらいまではつけ続けるだろうなかと、そんなことを考えていると、「ハンバーグ定食」登場。他のメニューよりは少し時間がかかっている気がする。

…ほほう、こういう感じか。キャベツの上に目玉焼き、ハンバーグはタマネギ入りのデミグラスソースがたっぷりとかかっている。これはビジュアル的にとても美しいですね。ではいつものように、刻み沢庵をご飯の上にのっけて、準備完了。それではいただくことにしよう。

まずはいつものように味噌汁。

ワカメとネギのゆるぎない通常通りの味。だが、夕方のせいか、心なしか濃い気がするが、本当に気のせいかも知れないレベルで、安定の味わい。…定食において安心・安定感はとても大事で、味噌汁の味が安定している『オトボケ』は実に偉大なのだ。

さて、いよいよハンバーグ。箸を入れると、とても柔らかい。この時点で期待が膨らむ。さっそく食べてみると、肉々しいけれど、全体的にふっくらとしていて、ゆったりとしたおいしさ。これは時間がかかるはずだ。おそらく焼き上げるのにそれなりの時間を取られるのだろう。うまい！としか言いようのないおいしさ。

さて、問題は目玉焼きの運用。とりあえず、黄身の半熟の部分をハンバーグにまぶして食べることにし、白身と黄身の固まったところは、ご飯の上にのっけてソースをかけて食べる。いいねえ。玉子があるといろんな運用ができていいな。黄身をまぶしたハンバーグもおいしさがアップしている。パクパクと食べ続ける。…しかし、意外とハンバーグが大きいな。いずれにしても、どのメニューをとってもボリュームがあるのが、『オトボケ』。650円という、高級な部類なので、きっとそれに比例して量も多いのだろう（笑）。

…後半はお腹がいっぱいになって苦しくなってきたが、沢庵にも助けられつつなんとか食べ終え、最後にキャベツにソースをかけて完食。ああ、満腹だ。これだと確実に晩の食事は不要だと思いつつ、「ごちそうさま」と席を立ち、夕焼けに染まる早稲田の街に出たのであった。

（2020年9月）

⑧「カニコロッケ定食」

空気が乾いて空が澄んでいる時に食べたくなる サクサクトロリとした「カニコロッケ定食」

久々に早稲田に来て用事が終わった。そうなったら何はともあれ『オトボケ』だ（笑）。今日は「カニコロッケ定食」だな。５００円。大体入口に立つ段階で何を注文するかは心の中で決まっている。

入店して券売機でボタンを押してチケットを購入。今日は外に向かったカウンターに座る。ガラス張りで外がよく見えて、お気に入りの席だ。今日はよく晴れていて、透明な秋の光がさんさんと入ってくる。気持ちがいいな。水を持ってきてくれたお姉さんにチケットを渡す。冷たい水を飲みつつ待っていると登場。おお、いつものステキなカニコロッケ。まずは刻み沢庵をご飯の上に少しもらい、カニコロッケにソースをかけてスタンバイ完了。

　では味噌汁から。ネギとワカメの具の安定したおいしさ。ではメインのカニコロッケにいってみよう。アツアツトロリとしたカニクリームがサクサクの衣に包み込まれていて、絶妙なおいしさ。カニ

揚げ物のなかでも優しいカニコロは体調がよくないときに食べたくなります

コロッケの甘味とソースの酸味・スパイシーさでご飯がもりもり進むのであった。このカニコロッケが2つあるところが実にエライ。さらに千切りキャベツもたっぷり添えられているので栄養のバランスもよいのだ。

ちなみに、私にとってカニコロッケを『オトボケ』で食べるタイミングは2つある。まずは揚げ物のなかでもやや優しい（気がする）ので、体調があまりよくないときだ。そしてもう1つは、秋か冬。空気が乾いて、空が澄んでいる時の方が、カニコロッケのサクサクトロリは合っているような気がする。そんなことを思いつつ、2つ目のカニコロを食べたのであった。（2015年10月）

⑨「チキンカツ定食」

1つでも十分な大きさのジューシーなチキンカツがなんと2つも！

地下鉄の早稲田駅を地上に出るとずいぶんと人がいる。そうか、今日は早稲田祭だった。天気もいいし。そりゃ人がいるわなと思いつつ、『オトボケ』に入る。ここはそれほどでもないな。

券売機の前に立ち、何にしようかと考える。…あ、消費税増税にともない、30円値上げしている。それでも安いけど。今日は「チキンカツ定食」だな。値上げしても530円だからね。チケットを買い、通りに面したカウンターに座り、やってきたお姉さんにチケットを渡す。ここはガラス越しに歩いている人を眺めることができるからいいね。今日は人通りが多いから楽しい。それにしても、歩いている人はずいぶんと女子が多い。早稲田大は今女子に人気が高く、学生の3割以上は女子ですからね（まだ4割には達していない）。ちなみに都内の大学で女子が過半数を超えているのは立教大学です（いずれも2019年のデータ）。慶應と比較した場合、早稲田の方がチュートリアル（対話型授業）など、改革を積極的に進めているので、敏感な女子に人気になっているのですね。

…と、そんなことを考えていると、「チキンカツ定食」登場。…ステキ。いつものように、刻み沢庵をご飯の上に取り、チキンカツにソースをかけ、辛子をもらい、準備が整う。
まずワカメとネギのみそ汁をゆっくりと飲む。ああ、気持ちが落ち着く。続けてチキンカツ。肉は柔らかくジューシーで、サクリとご機嫌な具合に揚がっている。そして何よりもステキなのは1つでも十分な大きさのチキンカツが2つもあること。これであなた、値上がりしたとはいえ530円なんだから、もう素晴らしすぎるよと思いつつ、ご飯をもりもりと食べたのであった。

（2019年11月）

サクサクご機嫌に揚がった、肉厚で大きくて柔らかいチキンカツ

⑩「ミックスフライ定食」

メンチ！　チキン!!　串カツ!!!
主役級の巨大なフライが3つ揃った最強コンボ！

よく晴れているけれど、寒い12月下旬。護国寺で用事が終わり、この後高田馬場に行かねばならない。時刻は14時半。うーん、ナイスですね。それでは早稲田で途中下車して『オトボケ』の最終決戦に挑もう。

ということで、いざ入店。おお、まあまあ混んでいるな。最終メニュー、「ミックスフライ定食」のボタンを押す。680円。これでも『オトボケ』メニューの中でも最高級のお値段です（笑）。

窓際のお気に入りの席に座り、水を持ってきたお姉さんに手渡す。早稲田大学を下見に来たのか、制服姿の女子高生とお父さんが入ってくる。ひょっとするとお父さんは早稲田出身で、懐かしの『オトボケ』に子どもを連れてきたのかも知れない。私も同じ立場だったらやるよなとか考えていると、「ミックスフライ定食」登場。これはスゴイボリューム。『オトボケ』は値段と量が見事に正比例するなあ。

最初に辛子をもらって、フライにソースをドボドボかける。ああ、いつものように沢庵ももらおう。

ではまずは味噌汁で心を落ち着かせる。ネギとワカメの具だが、ワカメがいつもより大きいな。安心安定のダシのよく効いた美味しい味噌汁。

続けてフライに。迫力満点の巨大なものが3つある。どうやら左はメンチカツ、右はチキンカツのようだが、真ん中は何だろう？　金属の串が刺さっているな。なんと串カツだったのだ！　そうか、知らなかった。

ではまずはチキンカツから。爽やかな鳥肉とザックリと揚がった衣、そこにソースの酸味が加わり、当然とてもおいしい。ご飯をもりもりと食べられるが、どう考えても今日はおかず過剰なので、ご飯は控えめに食べよう。

続けてメンチ。これまた柔らかひき肉とサクサク衣でしっとりとうまい。間違いないおいしさ。

では3つ目の串カツ。刺さっている具がデカいので、串の部分を左手で持って、ピースを外す。最初はタマネギ。シャキシャキとおいしいが、再度ソースをかけたくなり、追加でドボドボかける。うん、うまいな。特に串カツはソースがたっぷりと必要だな。次は肉の部分。わりと大きな豚肉だ。それにしてもボリュームがある。この串カツだけで十分おかずになるのに、チキンとメンチを従えているわけだから、やはりこの「ミックスフライ定食」こそ、この『オトボケ』全メニューの中の最高峰なんじゃないかと思いつつ、食べ続けたのであった（一番最後に敷かれていたキャベツを食べた）。

（2020年12月）

追記…単品メニューとして、メンチカツ170円、チキンカツ170円、カニコロッケ170円、納豆100円、生玉子50円、ビール（中）500円、オレンジジュース200円がありますが、これらは挑戦しませんでした（笑）。そして各定食は＋50円で大盛りになります。

（2020年12月調査）

全メニュー制覇のラストは『オトボケ』メニューの
最高峰と言っても過言ではない「ミックスフライ定食」

懐かしの味
喫茶店で食べるナポリタン

本来は白米至上主義者の私ですが、年齢とともにだんだん気持ちがゆるくなってきた（笑）。以前は麺類を食べるときは、なるべく「米」を付けたものだが、最近では「まあ、特になくてもいいんじゃないか」という時も増えてきた。ラーメン、うどんなど、汁ものの場合は「米」は欲しいが、汁もの麺でない場合は、こだわらなくなってきたのだ。ということで、本書では、米の出てこない麺類を2種類食べ歩くことにする。まずは「ナポリタン」。ナポリタンもとても奥が深く、レストランやホテル、そしてチェーン系のファミリーレストランでも食べられるが、ここでは「喫茶店」で食べることにする。喫茶店で食事をする際は、特に「米」にこだわらなくなったな、最近。スパゲッティもしくはパン系（サンドイッチもしくはトースト系）もおいしいじゃないかというモードになってきた。

まあ、さすがに50代になったので、かつてほど量を食べられないというのもあるけど、喫茶店で食事の場合、食後もしくは食事をしつつコーヒーを飲むことになるので、スパやトーストは相性がいいというのもあると思う。それでは早速食べ進めることにする。

神奈川・逗子

ぱあらー泉

昔ながらの喫茶店で 昔ながらのナポリタンのランチセット

土曜日。逗子で用事が終わり、逗子・葉山駅（この駅名、慣れないな）から京急に乗って南太田駅まで。私、特に上大岡から横浜駅の京急の車窓からの雰囲気がとても好きだ。大岡川に沿ったあたりが特にね。ちなみに普通（各駅停車）に乗ると、大体は南太田駅で、通過待ちをする。個人的には黄金町駅で降りて、そのままダラダラと関内駅まで歩く時間が至福なのだが、南太田で長い時間停車するので、ここで降りてしまうことも多々ある。南太田〜黄金町はそれほどたいした距離じゃないしね。

　ということで今日は下車。せっかくなので、駅前の『ぱあらー泉』で食事をして行こう。駅前は小さ

な広場のようになっている。13時に入店すると、まあまあ混んでいる。このお店は創業50年以上の老舗で、店内は昔ながらの喫茶店といった趣。真ん中あたりに座り、ご主人にご挨拶。今日食べるのは「ポラタ（ナポリタン）」ですね（ちなみにメニュー名の「ポラタ」の由来は「シポラタソーセージ」を使っているからなんだそう）。これのランチセット950円を注文。コーヒーも一緒に持ってきてもらう。うひひ。楽しみだなあ。

最初に粉チーズ、タバスコ、フォークがやってくる。店内に流れるジャズをぼんやりと聞いて待つ。ジャズのBGMとともに、ご主人のフライパンでスパを炒めている音がリミックスされて、ジワジワと期待が高まる。そしてジャーンと登場！　相変わらずカッコいい！　ちゃんとサラダが付いているのがポイントですね。

ではフォークの巻紙を取っていただこう。具はたっぷり。ウインナー、ベーコン、ピーマン、タマネギ、マッシュルーム。昔ながらの王道ナポリタンといった感じですね。ケチャップがいい具合に絡んだ、よく炒めたパスタをもぐもぐ食べる感じがとてもいい。ソーセージのプリプリ感も頼もしい。あ、粉チーズもかけてと。

サラダはレタス、キャベツ、キュウリ、トマト。新鮮でおいしいし、栄養バランスもバ

もぐもぐと食べる感じがとてもいい王道的なナポリタン

ッチリとれる。全体としてしっかりとした量なので満腹になって完食。ではは食後のコーヒーを最初はブラックで飲み、続けてミルク、砂糖を入れてまったりとしたのだった。

（2020年12月）

神奈川・黄金町

珈琲山

太麺シコシコ、ケチャップ濃いめのねっとり系ナポリタン

京浜急行を黄金町で降りる。ここは京急の中でも最も好きな駅かも知れない。大岡川の方に向かって歩くと風情があるし、反対の関東学院のある三春台の方もいい感じ。さて、今日は駅のそばにある『珈琲山』に行こう。2階にある店内に入る。ここはご主人の趣味でずっと、テクノがかかっているのだ。ご主人とは同い年なので、ここはもう店内に入るだけで、まるで自分の部屋のように居心地が良いのだった。

初音町の交差点がよく見えるところに座り、「ナポリタンセット」1100円を注文。飲み物は当然コーヒーで、ナポリタンと同時に持ってきてもらう。店内には8割ほど客がいて、とても賑わっているね。出てきた水を飲みつつ、窓の外の交差点を行きかう自動車を見つつ、テクノをぼんやりと聞いているととても気持ちが落ち着く。心地よいいろいろな音と、適度に動く風景というのは、実は心落ち着くものなんだなと思っていると、粉チーズ、タバスコ、ナポリタン、スープ、サラダ、そしてコーヒーもやってくる。ステキだ。まずは粉チーズをかけてと。私タバスコは最初にはかけません（ずっとかけないことも多

スパの「焼いている」香ばしさが実にGOODでした

い）。

まずはスープから。パセリの入ったコンソメスープ。パンチの効いたちょっと濃いめの味わいで、いきなりおいしいじゃないか（笑）。

ではメインのナポリタンに。ピーマン、タマネギ、ハム、マッシュルーム入りで、粉パセリがかかっている。さっそく食べてみるとケチャップねっとり系で、太麺シコシコで素晴らしい。タマネギはシャキシャキしていて、ハムもたっぷり、ピーマンの独特の苦みもいいアクセントになっている。マスターの炒め方がナイス

気持ちが落ち着く店内で飲むコーヒーは格別でした

なのだろう、スパの「焼いている」香ばしさが実にいい。うまいうまいとモリモリ食べる。サラダも付いていて、これもご機嫌な要素だ。大満足のうちに完食。

そして食後のコーヒー。カップになんともたっぷりと入っていてうれしい。まずはブラックで。うん、すっきりとしたおいしさ。続けてザラメ砂糖とミルクも入れてゆっくりいただく。それにしても、この店はとても気持ちが落ち着いて、じわじわと元気がわいてくる。その意味では、ちょっと疲れた時に訪れても効能が実にありますね。

（2020年12月）

東京・錦糸町

ロジエ

直球ストライクの喫茶店的味わいのナポリタン

錦糸町にやって来た。都内ではかなりよく来る場所だ。ここ10年くらいの間に相当頻度が上がった。南口のマルイのそばでいつも用事があるので、それが終わると、マルイとウインズ間を通り抜けて裏側に歩いて行く。ナゾのネーミングの『焼肉フランス人』と『亀戸餃子』があり、なんともアジアな混とんとした感じがとてもよく、そこからマルイの地下にある『ジャパンミートセンター』に入る。ここはいろいろとかなり安いが、名前の通り、肉、特にステーキが安い。冬なら、わりとここでステーキ肉買って帰りますね。

その後は、ロッテホテルのビルにある、ブックオフとTSUTAYAを見学して、地下に降りて半蔵門線というのがいつもの流れでしょうか。

さて、今回は北口に降りる。北口には錦糸公園があり、わりと伸び伸びとした雰囲気が漂っている。この公園の一角には小さいけれど、なかなか雰囲気のある千種稲荷神社がある。江戸時代から守護神として祭られている由緒ある神社で、商売繁盛、災厄消除のご利益があるそうだ。私も子どもの受験で助けてもらったので、時折参拝します。

この公園の道路を挟んで駅側に行くとまた飲食店もとても多い。訪れたのが土曜の昼だ

ったので食事をしたいなと思っていると、『ロジェ』というなかなか良さそうな喫茶店があった。おお、ここにしよう。店内は全面喫煙（笑）。まあいいか。そこもまた昔ながらの喫茶店という感じですね。

空いていた手前のテーブルに座るとラテンな店員のお姉さんさんがやってくる。「ナポリタン」のランチが800円。これにしよう。アイスコーヒーかホットコーヒーが付いてくる。ホットコーヒーにしよう。注文して店内を見渡すと、1人でぼんやりしている人やパソコンを囲んで何やら打ち合わせしている人など様々。それにしてもあんまりみんな食事をしていない。純粋に「喫茶」として使用しているようだ。

あ、奥にはテーブルがテレビゲームになっている席があるよ。これは懐かしいなと思っていると、プレートにのってナポリタンがやってきた。さらに、味噌汁、ヨーグルト、そしてゆで玉子まで付いているよ。ものすごいサービスぶり。

ゆで玉子にビヒダスヨーグルトも
付いてるなんてステキなランチ

ではまずはナポリタンにタバスコと粉チーズをかける。もうね、今日のナポリタンは見るからに、すぐ「加工」しても良さそうなタイプだとわかったからね（笑）。では味噌汁。…おや。ワカメ、油揚げ、タマネギも入ったかき玉の味噌汁。なんとこれがしみじみおいしい。味付けもそれほど濃くはなく、絶妙の塩加減と優しい玉子味。喫茶店でこんな味噌汁はなかなか出会えない。これはナポリタンもおいしいかも…と思って、早速食べてみる。細麺で、ソーセージ、タマネギ、ピーマンが入り、ケチャップでねっとりと絡めた感じ。直球ストライクの「普通」の喫茶店的味わい。あー、これはこれでいいわ。もぐもぐ食べ、あっという間に完食。

あっ、そうだ、ゆで玉子も食べよう。ゆで玉子なんて久しぶりだな。喫茶店なのでモーニングに付くのはわかるけど、ランチにも付くのは珍しいな。殻を剥いて、塩を振って食べると、黄身のホコホコ感と白身のツルツル感が実においしい。

食べ終えたので、ラテンな店員のお姉さんさんにコーヒーを持ってきてもらう。お姉さん、コーヒー持ってくるのと同時に食器下げてくれるのはいいが、ヨーグルトまで持って行ってしまったよ。お姉さんを追いかけて行って、ヨーグルトを返してもらう。「食べないかと思ったよ」とお姉さん。おそらくそういう客が多いのだろうね。

かくして、ヨーグルト（アロエだった）を食べ、コーヒーを飲む。薄めだけど、量もたっぷりなので、ゆっくり飲むにはちょうどいい感じなのだった。…結果的にとてもいい店だな、ここは。

（2021年1月）

東京・池袋

タカセ

スクランブルエッグが隠し味
ケチャップ多めのオーソドックスなナポリタン

池袋に来た。久しぶりだなあ。最近は普段の移動で、山手線を使うことが減り、逆に東京メトロの使用が増えた。いつも使用している東急や小田急と東京メトロが直通だったり、改札内で乗り換えることができるので、JR山手線にわざわざ乗らなくなったのだ。

ということで、池袋も「通過」はしているが、なかなか降りることもなくなった。今回は東京メトロと乗り入れをしていない、東武東上線沿線で用事があったので、池袋の改札外に出たのだった。『タカセ』でパンを買って…。ついでにグリルで食事をしていこう。

この『タカセ』のビルには、グリルと喫茶店が両方あるので、本コーナーの「喫茶店でナポリタン」のカテゴリーとしてご容赦いただきたい（笑）。

さて、3階のグリルに14時に入る。おお、結構混んでいるなあ。ただ、時節柄みなさん静かに食事をしている。ちょうど窓際の席が空いたのでそこに座る。メニューを見て、「ナポリタン（サラダ付）」900円にドリンク（Cセット）を200円で付けよう。うん、アイスコーヒーだな。おしぼりと水を持ってきてくれた店員さんに注文して、アイスコー

池袋の雑踏をぼんやり
見ながら食べるのもな
かなかいいもんです

ヒーも一緒に持ってきてもらう。注文後、窓の外の池袋の街の様子をぼんやりと眺める。忙しそうに歩いていく人々を窓ガラス越しにぼんやりと見ているのは、とても楽しい。だから、窓際に座れて良かったと思っていると、スプーン、フォーク、そしてサラダ、粉チーズ、タバスコがセットされて、しかる後にナポリタンとアイスコーヒーが到着。これはもうストライクゾーンど真ん中に剛速球で飛んできた感じのナポリタンですね。では、粉チーズをふりかけていただこう。

具はタップリ。ハム、ピーマン、ニンジン、マッシュルーム、そして炒り玉子も入っているのがとてもユニーク。フォークに絡めて食べてみると、ケチャップ濃い目のやや細麺。具材のおいしさとやや硬めに茹でられたパスタをじっくりかみしめるおいしさ。玉子がケチャップの酸味をまろやかにしている感じがする。玉子を入れると結構いいんだね。

サラダが付いているのもステキ。トマト、レタス、キャベツ、キュウリも新鮮で、ホワイトドレッシングがかかっている。このナポリタンをもぐもぐ食べつつ、池袋の街並みを見るのは本当にいいなあ。かくして食べ終わり、食後のコーヒータイム。ナポリタンのお皿も下げてくれた。最初はすっきりとブラックで、そして半分くらい飲んだらミルクとガムシロップを入れて、ゆったりとして時間を過ごしたのであった。

（2021年5月）

東京・赤羽

暖母（だんぼ）

食べても食べてもなかなか減らない
ボリューミーな人気No.1メニュー、ナポリタン

赤羽に来た。最近はJR赤羽駅より、東京メトロの赤羽岩淵駅の使用が多いなあ。そこからJR赤羽駅に歩いていく途中にあるのが『暖母（だんぼ）』。ここがあなた、素晴らしい喫茶店なのです。

16時だが、お昼を食べていないので食事をして行こう。お店の外には昔ながらのショーウインドウにメニューの見本がずらりと飾られている。入店して入口近くに座る。店内はそれなりに客がいる。ここはものすごくメニューが多いのだが、スパゲティの中で、ナポリタンは人気No.1だそうだ。やっぱりみんな好きなんですね。650円だが、+50円で、ウーロン茶付きでウーロン茶をコーヒーやアイスコーヒーに変更できる。よし、アイスコーヒーにしてもらおう。それでも700円と、リーズナブル。

注文して、お手洗いに行って帰ってくると、サラダ、アイスコーヒー、デカい粉チーズ、タバスコが登場。この粉チーズ、迫力あるな（笑）。と、感心していると、ナポリタン登場。…量がスゴイ。普通のお店の1・5倍くらいはありそう。

では、こんもり盛り上がったパスタの山の上に粉チーズをドバッとかけて食べることにしよう。具はやや少なめで、マッシュルーム、ピーマン、タマネギ、ベーコン。上にはパセリの粉がパラパラっとかかっていますね。スプーンとフォークを紙からほどき、モガモガと食べる。うん、中細麺かな。ケチャップは濃厚系だが、かなり炒めてあって、これはとても素晴らしい。スプーンが添えられているが、私、スパゲティを食べるときにはあまり使わないな。途中で少し刺激が欲しかったので、タバスコを入れよう。

…しかし、それにしても量が多いな（笑）。この分だと晩ご飯はそれほど食べられないなと思いつつ、サラダに取りかかる。薄いトマトが一切れ、キャベツ、キュウリにマカロニがサイドにちょこんと、そして全体的にサザンアイランドのドレッシングがかかっている。…かくして食べ終える。ああ満腹だ。ではアイスコーヒー。銅のコップに入った、うれしいタイプのアイスコーヒー。最初はブラックで飲み、しばらくしてミルクとガムシロップを入れてゆっくりと食後のコーヒータイムを楽しんだのであった。ああ、『暖母（だんぼ）』最高。

（2021年5月）

写真ではあまり伝わらないかもしれませんが、とにかくボリューム満点です

北海道・札幌

オリンピア

1964年東京オリンピックの年に開店した
ノスタルジックな純喫茶で昔ながらのナポリタン

札幌にやって来た。今回は2泊3日の日程だったが、かなり忙しくてほぼ外出することはできなかった。なんとか用事はすべて片付いて最終日の15時。最後くらいゆっくりしようと思って、北4条西8丁目にある純喫茶『純喫茶オリンピア』を訪れる。今回、札幌で用事を共にしているTさんも一緒だ。

店はオフィスビルの地下1階にある。入口からしてなんともいい雰囲気。東京オリンピックのポスターも。ああ、そうか、店名もオリンピックにちなんでいるんですね（同店は1964年の東京オリンピックの年に開店したそう）。

店内に入ると、これまたゴージャスな雰囲気。まるで昭和の時代にタイムスリップした感じ。革張りのソファー席と飴色のシャンデリアが何とも言えない味を醸し出している。「いいですね」とTさんと言いつつ、奥の方に座る。メニューはいろいろと魅力的だが、やはり「ナポリタン」750円にセットでコーヒーを150円で付ける。アイスコーヒーだな。合計900円。Tさんも同じメニューだが、彼女はホットコーヒーに。2人とも同時にもってきてもらおう。

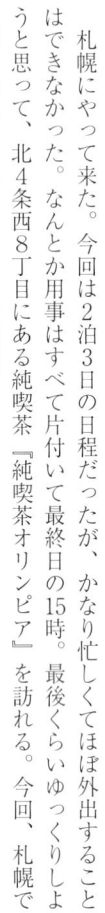

ちょっぴり辛めでドライな味わいが大人っぽい感じでした

Tさんとしばし歓談していると、ナポリタン、そしてアイスコーヒーが登場。…これはもう、素晴らしい。王道中の王道の〝喫茶ナポリタン〟。さらにアイスコーヒーも銅製のマグカップに、大きな氷が。この容器だけでテンションが上がりますね。

ではまずナポリタンから。ソーセージ、タマネギ、ピーマンが入っている。やや細麺でケチャップは弱い系。ちょっぴり硬めの茹で具合がゴシゴシ食べる感じでステキ。「おいしいですね」とTさん。「うん、うまい」と私。ややドライな味わいで少し辛いのがアダルトな感じです。ではここからは少し粉チーズもかけてもりもりと食べる。

かくして食べ終えた後、アイスコーシーへ（これはコーシーという感じ）。まずはブラックで。うん、深く濃い味わい。大きな氷はゆっくり飲む上で、とても役立つ。これも正統派だなあ。「ホットコーヒーもおいしいですよ」とTさん。いやあ、イイ店だ。「また来よう」とTさんに話しかけたところ「是非」と応えてくれたのであった。

（2021年5月）

牛丼だけじゃない！『松屋』の仲間を食べ歩き

定食を愛している私だが、年中個人経営のお店にばかり行っているわけではない。週のうち、半分以上はチェーン店で食事をとっている。個人店、それも初めて入る個人店は、「頼もう！」と道場に入る感じでいささか緊張するが、チェーン店は気が楽だからね。中でも定食メニューが充実している『松屋』は相当利用している頻度が高い。

さらに最近は、『松屋』の仲間の店が増殖している。そんなわけで、ここでは王道の『松屋』をはじめ、その仲間の店を紹介します。

なお、『松屋』の中には、『トマトの花』（トマトラーメン）、『テラスヴェルト』（ピザ、パスタ、サンドイッチなど）、『福松』（鮨　割烹）は全国に1店舗しかないので、訪れていません。ただし、『松そば』は、いつの間にか一店舗になったし、何度も訪れていたので、一番最後に〝おまけ〟として掲載しています。

神奈川・網島

松屋

ご飯がもりもり進むお馴染みの「牛焼肉定食」

と言うことで、最初は王道『松屋』。ここで頼む頻度が高いのは「(プレミアム)牛めし」だが、その次は「牛焼肉定食」かな。600円なので、かつては高級定食だったが、他の定食の価格が上がったために、今や一番お手頃な定食となってしまった。もっとも、私にとって600円はチェーンで食べるとすると豪華な部類になるが(笑)。ただし、頻繁にアプリなどでクーポンが提供されるので、それより安く食べられることが多い。今回も80円引きクーポンが届いたので、綱島の『松屋』で食べていこう。

入口の券売機でチケットを520円で買って入店。コロナ対応でカウンターはしっかりアクリル板で仕切られているな。とりあえず手前に座る。券売機で買ったと同時に注文は通っているシステムのようだ。とりあえず入口の給湯器でお茶を汲んで席に戻る。おっ、店内の掲示に気がついた。やった! この店はご飯のお代わりができる店だ。「よしよし!」と喜んでいると、私の番号が呼ばれたのでカウンターに取りにいく。よしよし。

まずは味噌汁の蓋を取り、七味を入れ、焼肉に、「焼肉のタレ」と「バーベキューのタレ」を両方かけ、生野菜にはゴマドレッシングをかける。これらのタレとドレッシングが私の最近のデフォルトですね。特に焼肉のタレはこの2種類のブレンドがおいしいと思う。「焼肉のタレ」は甘く、「バーベキューのタレ」は味に奥行きがあるからだ。続けてご飯に紅ショウガをもらって準備完了。さあ食べるぞ。

最初は味噌汁。具はワカメと油揚げ。もう30年以上、これ飲んでいるな。人生で最も飲んでいる種類の味噌汁じゃ

定食系では一番お世話になっている「牛焼肉定食」。野菜もしっかり確保できるしね

ないか（笑）。吉野家はオプションなので、頻度は高くはないし（あの粉っぽい味わいも好きだけど）。

続けて肉をおかずにご飯を食べる。添えられたネギと大根おろしを肉で巻くようにして食べるのが、〝松屋スタイル〟。ああ、焼いた肉はうまい！　脂ものっているし。今日はお代りできるのでお肉の消費配分を考えないとね。かくして食べ進み、ご飯のお代りを貰いに行く。

カウンターの店員さんが外国の方だったので、「半ライス」がよく通じなかったので、「ＳＭＡＬＬ！」と言うと通じた（笑）。…お、炊き立てになったのかホカホカだ。

かくして肉とご飯を食べ終え。最後に生野菜を食べる。キャベツ、レタス、ニンジン、そしてコーンがうれしい。もりもり食べる。野菜は食事の前に食べましょうという人もいるけど、私は断然後派。仕上げに食べるのが私はおいしいんだよなと思いつつ、冷たいお茶を飲んだのであった。

（２０２１年４月）

神奈川・菊名

松のや

大根おろしでサッパリいただく「ささみかつ定食」

『松のや』が500円セールをやっている。その名も「ランチ限定腹ペコフェスタ」だそうだ。いいね。ということで、菊名駅を13時に通りかかったので、食べていくこととしよう。

気になるメニューはいろいろとあるけれど、「おろしポン酢ささみかつ定食」（690円↓500円）にしよう。実は『松のや』のささみかつはおいしいんだよね。基本的に私、チキンカツ系が好きなのだが、特に体調がよろしくない時は、とんかつ系よりチキンの方がなおさら良かったりする。今日もあまりベストな体調ではない、というよりちょっと具合が悪いくらいなので、「ささみかつ」で、さらに「ポン酢」というさわやか系にしよう。

券売機でチケットを買い、水＋お茶の素でお茶を作って、手前のテーブルに着席。結構混んでいるな。まあまだ昼時だからな。『松のや』は松屋系の中では、結構店舗が多いので、探すのはそれほど難しくはないよね。そんなことを考えつつお茶を飲んでいると、定食登場。これはとても立派だ。しかもセールでワンコインですからね。

では食べよう。まず味噌汁の蓋を取って、七味をパパッと振っていただく。いつものワ

大根おろしとポン酢だとさっぱりしすぎだったので半分はソースでいただきました

カメが具の落ち着いた味わい。

続けてささみかつ。ささみかつは2つ。その上に大根おろしとネギがたっぷりとのっかってあ、ポン酢がかけられている。早速端っこの一切れをいただく。想像以上にさっぱりとしている。…うーん。ちょっとさっぱりしすぎか。若干物足りないので、味噌汁のお椀にソースを入れて、ささみかつの半分はソースをつけて食べよう。うん、おいしい！…というか、これだと普通に「ささみかつ定食」でよかったんじゃないかね（笑）。でもまあ2種類の味が食べられたからいいか。

キャベツには「にんじんドレ

ッシング」をかけて食べよう。…おいしい。ご飯もなくなったので、お代わりすることとしよう。この店はご飯のお代わりができるのだ（当時）。

…なんだ、元気になってきたじゃないか（笑）。よかったと思いつつ、2杯目のご飯を食べたのであった。

（2021年4月）

東京・高田馬場

マイカリー食堂

深み、辛さともにバランスがよい、レベルの高いカレー

お盆に早稲田の『キッチンオトボケ』に行ったら休みだった。まあそりゃそうだろう（笑）。仕方がないので地下鉄に乗って高田馬場へ。この周辺は選択肢が多いからね。そう

だ。『松屋』の仲間の『マイカリー食堂』に行こう。ここはその名の通りカレー専門店。何にしようか。パッと目に飛び込んできた「ささみかつとじカレー」500円にときめく。これと「カリカリポテトサラダ」のセットにしよう。合わせて600円。どうも券売機が使えなかったので、店内で購入。店はカウンターのみの細長い造り。一番奥に座り、出てきた水を飲みつつ待つ。

カウンターの上には福神漬、辛味パウダー、ソースなどが置かれているのをぼんやり見ていると、カレー、そしてサラダが登場。カレーにかつとじがのっているわけだ。これは『富士そば』でみる「カレーかつ丼」と同じ構造だな。まず、福神漬をもらう。サラダはすでにドレッシングがかかっているそうだ（店員さんに聞いた）。

ではカレーのルーの部分から。わりとサラリとしたルーで、かつての『松屋』のカレーに近い。もともと『松屋』はカレーがうまいからね。このカレーも深み、辛さともにバランスがよい。

続けてかつ丼部分。玉子とじでちゃんとタマネギも入っている。おつゆの甘さがカレーの辛さと絡み合い、調和している。互いに味が邪魔をしていない絶妙のバランスだ。これはおいしい。そして福神漬けもいろいろな具材が入り、いい感じ。

サラリとしたルーとかつとじの甘めのおつゆが調和しあっていい感じでした

そうだ、サラダも食べよう。木のボウルにレタス、キャベツ、その上にカリカリのポテトフライがのっていて、楽しい味わい。私はカレーはなるべく野菜と一緒に食べたい人だから、サラダのおいしさは大事なのだ。これはとても満足だ、今度はオーソドックスな「ロースカツカレー」を食べてみようと思い、水を飲んだのであった。

（2020年8月）

東京・練馬

松軒中華食堂

まるでもやし炒めみたいな、「ニラともやしの豚生姜焼き」

一度入ってみたかったのが、『松屋』の中華料理専門店『松軒中華食堂』だ。ただし、まだあんまり店舗がないのですね（HPで調べてみたところまだ都内で4店舗、静岡掛川PAに1店舗あるのみだそう）。ただ、練馬に、『すし松』と並んで同店がある。

ということで日曜の13時に訪れてみることにした。店は2階にあるので階段を登って店内に入り、窓際の13番のカウンター席に座る。「五目あんかけフェア」をやっていたので、それでもいいなと思いながらタブレットを見ていると、やはり定食が食べたくなってきた。よし、決めた、「ニラともやしの豚生姜焼き」の定食にしよう。550円。スマホのクーポンがあるので、ご飯を大盛りにしてもらう。ボタンを押して注文して、自分で水を汲んできて飲みつつしばし待つ。ちゃんと仕切りもあるので、感染対策的には大丈夫だな。

かくして定食到着。ではいつものようにスープから。ワカメとゴマ。すっきり直球の味わい。うん、いいね。

ではメイン。生姜焼きと言いつつ、正しくはもやし炒め豚ニラ入りだな、こりゃ（笑）。もやしのシャキシャキとした食感がいい感じ。ニンジンも入っていて、野菜をしっかり摂ってる感じがいいね。おかず力も高く、ご飯も進む。ご飯は『松屋』と同じ味わい。そりゃそうだろうよ（笑）。大盛りにしたのでご飯はけっこうある。ただ、欲を言えばこれにザーサイでも付いていればさらに良かった。でも、肉もわりと入っているのでまあいいかな。550円だしね（2021年5月時点は640円。ご飯大盛り無料になっていました）。

近くに住んでいたら、これは結構な頻度で来るかもなと思いつつ、スープを飲んだのであった。

（2020年8月）

全体的にレベルの高い定食でした。まだ都内で4店舗しかないが、今後もっと増えて欲しい！

東京・練馬　すし松

サーモン、ブリ、海老、イカ、マグロ、白身魚…
新鮮な具材が盛りだくさんの「日替わり海鮮丼」

練馬にやって来た。用事が終わって、13時。よしいタイミングだ。今日こそは『すし松』で食べて行こう。『すし松』もそれほど店舗がなく、ここ練馬は、前述した中華の『松軒中華食堂』の下が『すし松』なのだ（HPで調べたところ都内に4店舗、埼玉に5店舗あるそう）。

入店して、一番奥のカウンターに座り、何にしようか考える。やはり『松屋』なので、丼でいこうと、「日替わり海鮮丼」を注文。590円。さらに麺類も食べたいな。「きつねうどん」319円も付けよう。合わせて909円だが、アプリのクーポンがあるので、15%引となり、773円となる。ではパネルで注文。セルフサービスでお茶をつくって（粉茶）、しばし待つ。

海鮮丼はこのボリュームで590円は文句なし！
すっきりとした味わいのきつねうどんともいい組み合わせです

ここは基本は回転寿司なので、目の前のトレーに注文品が流れてくるシステム。まず「きつねうどん」、続けて「海鮮丼」が到着。あ、丼には味噌汁が付いていた。汁がダブってしまったが、まあいいや。小皿に醤油を入れて、味噌汁の蓋を取り、さあ食べよう。

味噌汁は青海苔とネギの具。ああ、磯の香がいい感じ。続けて丼。玉子焼き2切、サーモン、ブリ、海老、イカ、マグロ、白身魚とかなり盛りだくさん。これで590円ならいいんじゃないか。

まずは白身魚から食べる。プリプリで新鮮。受け止める酢飯もたっぷり。こりゃネタとの比率を考えながら食べないとな。続けてイカ、マグロと食べていく。とりあえず味噌汁を飲み干した後に、うどんを食べようとプランを決める（プランなんて言うほど大げさなことでもないけど）。

続けて海老。大きくていい感じ。玉子焼きは2切れあるので、まず一切食べて、残りもう一切は最後に取っておこう。かくして味噌汁が終わったので、うどんに着手。これは小ぶりな一杯。お揚げは2枚。まずはおつゆをゴクリ。すっきりとした味わいでいいね。うどんはスルスルと喉を通るツルツル麺。コシがあってなかなかよろしい。

さて丼に戻ろう。サーモン、玉子焼きと食べる。サーモンは脂が乗っていておいしい。丼が終わったので、再びうどんに。お揚げが甘くて、これがデザートのようでナイス。海鮮丼ときつねうどんって組み合わせがいいな。酢とお揚げの甘さの組み合わせがよいのだろうか。そんなことを考えつつ、最後にうどんのおつゆに七味を入れてピリリとさせて飲み干して、『すし松』の食事を終えたのであった。

（2021年5月現在、メニューは少し変化している模様）

（2021年1月）

東京・吉祥寺

ステーキ屋松

鉄板の上でジュージューと おいしそうなサウンドを響かせる柔らかステーキ

吉祥寺にやって来た。14時30分。まだお昼を食べていない。絶妙のタイミングだ。よし、今日は、松屋系の最高峰の一つ、『ステーキ屋松』にチャレンジしよう。以前から訪れたかったが、『ステーキ屋松』は何しろ、下北沢、三鷹、吉祥寺の3店舗しかないのだ（２０２１年5月時点）。なので、結構難易度が高かったのだ。

さて、吉祥寺店は東急百貨店の裏のあたりにある。外から見ると、まあまあ客がいるな。まずは表の券売機でチケットを買う。「ミスジ」（肩甲骨付近の部位）というステーキにしよう。１００グラム９００円もあるが、ちょっと足りなそうなので１８０グラム１０００円にしよう。１００円違いで倍近く量が増えるからね。

チケットを買い、入店。店内はカウンター式。入口近くに座る。チケットを取りにきたお姉さんに「ライスは大盛りにできます」とのことなのでそうしてもらう。ちなみに、ライス、サラダ、スープはお代わりもできる（下北沢店はコーヒーもあり、それもお代わりできるらしい。エライね）。

お肉以外、ライス、スープ、野菜は自由におかわりできるのでコスパも最強です

ではサラダバーに行こう。ポテトサラダ、コーン、ニンジン、ブラックオリーブ、大根、パプリカ、キャベツ。種類は結構そろってるな。大好きなコーンを多めにもらって、ドレッシングはオニオンでいってみよう。スープはカップにゴマとワカメを入れて、ベンダーでスープを入れて完成。

席に戻るとライス、そしてステーキ（肉）が登場。肉の上には、

ソースが4種類、そのほかにもワサビ、醤油、岩塩、粒こしょうなどもあえるのでいろんな味が楽しめます

油はね防止のため、紙ナプキンがのっている。鉄板の上で肉がジュージューとおいしそうな音を立てているからね。油が落ち着くまでしばし待つ。おお、なんと立派な肉！ これはおいしそうだ。ソースもいろいろとあるが、オニオンソースとオリジナルソースにしよう。あとは、ガーリックソースとフルーティソース（梅風味）の計4種類ある。また、ワサビ、おろし生にんにく、醤油、塩（アンデスの紅塩）、ブラックペッパーもあるのでいろんな味を楽しめそう。

早速、ナイフで切って鉄板に押し付けてさらに焼く。そしてタレにつけて、米とともに食べる。うまい！ お肉はすごく柔らかいな。これはイイ肉だ。しかし、こんなに立派なステーキを食べたのは本当に久しぶりだよ。米もうまい。…食べているとだんだんと元気になってきた。肉を食べると本当に元気がわいてくるな。

サラダももりもり食べる。…あ、スープを飲むのを忘れていた。私、最初に「汁」を飲むのに、それを忘れるほど興奮していたということです（笑）。あ、これは普通においしい。

…さて、ライスがなくなったので半ライスをお姉さんに持ってきてもらう。肉も食べ終え、サラダをもう1杯食べよう。…うー。こりゃいくら何でも食べすぎ。それにしても幸せな満ち足りた気持ち。是非また訪れることとしよう。

（2021年4月）

神奈川・伊勢佐木町

松そば

390円とは思えないボリュームとクオリティー

いつの間にか、『松屋』の天ぷらとそばの店『松そば』（旧店名『、松』）の伊勢佐木町店が閉店していた。調べてみると『松そば』は清瀬店のみとなったようだ（2021年4月時点）。なので、一店舗のみの『松屋』シリーズは紹介しない予定だが、何度も訪れていた店なので、ここに後世に残す意味を込めて〝記録〟しておきます。

いつも食べていたのは「サービス天丼」だった。これはとても安く390円。店頭の券売機でチケットを買って、店内に入る。カウンター席とテーブル席があるが、1人なので、カウンターの一番奥に座る。コロナなので、みんな黙々と食べているな。ちなみに、ここもチケットを買った段階で注文が通っているのだった。2階の奥にあるトイレに行って帰ってきて、お茶をもらう。冷たいのと温かいの両方もらって待っていると、店内のモニターに私の番号が表示されたので、取りに行く。ここも徹底したセルフですね。

おお、ステキ。どんぶりからこぼれそうなほど天ぷらがのっている。まずは味噌汁の蓋を開けて、一口飲む。具はシンプルにワカメのみ、味はまあまあの濃さ。『松屋』とは少し異なる味ですね。

では天丼。サービスと言いつつ、結構豪華。海老、ナス、カボチャ、そしてユニークなことに鶏天とタマネギの天ぷらがのっている。最初はカボチャから。ホクホクでおいしいですね。タレはあっさりめ。私、基本的に牛丼はつゆ抜きだが、天丼はタレたっぷりが好きなので、卓上のタレをさらに少しかける。

続けて、海老天を味噌汁のお椀の上に移動。これはメインなので後で食べよう。その前にお次は鶏天。これは普通、これはイカの場合が多いよね。でも鶏天は淡白だけどボリュームがあってなかなかよろしい。

続けてナス天。これはトロトロ。問題はタマネギ天。輪切りなので、食べていると衣と分解してくるのだ。大体、ネタがご飯より多いので、食べ進めていくと後半がご飯不足になるのだ。

ということで、随分ご飯が少なくなってきたので、海老天をご飯に戻す。ご飯と一緒に食べたかったからだ。ああ、うまい。ぷりぷりだよ。海老天を半分食べて満足したところで、残りのタマネギを食べ、一番最後に残りの海老天を食べたのであった。

（2020年8月）

またいつか食べたい「サービス天丼」。ネタが多すぎて毎回ご飯が不足になりました

ご飯お代わり自由の『やよい軒』に対する悩み

人間だれしも加齢とともに、緩やかに食事の許容量は低下するものだ。ただし、その低下率は人によって違うようで、私はずいぶんと緩やかなようだ。30代の頃ほどは食べられなくなったが、50代になった今でも定食屋に行って「大盛可」なら、ほぼ必ずそうしてもらうし、お代わりができる場合はほぼしてしまう。ただし、昼にいっぱい食べた時は、夜は軽めにするとか、一日の摂取バランスは考えて調整しながら補うようになった。

ただ、問題なのはバイキングやお代わりし放題の場合だ。食べ始めると、ついついかなりの量を食べられてしまうので、バイキングの場合は、前後の食事を軽くするなどの覚悟が大事。もっとも、自腹で行くバイキングは、最近は『シズラー』くらいか。「ランチエキスプレス」という素晴らしいランチがあり、2020年時点で1280円（本体）で、サラダ専用プレート2枚、ドリンク2杯、スープ1杯、デザート1回なので、激しく食べ過ぎないでいい。それにパスタやカレーもあるけど、サラダ主体で食べるので、食後に苦しいということも少ない。

それに比べ、ご飯食べ放題系は危険。最近はやや気持ちも薄れたが、それでも私は白米至上主義者なので、ご飯食べ放題だと2杯で止まらないことが多々ある。それに加えて、最近、とっても困っているのが『やよい軒』なのだ。どう困っているかについては、以下をお読みください。

この世の中でもかなりおいしいメニュー・玉子かけご飯

『やよい軒』の「アプリ」はなかなか楽しくて、「お米メーター」なるものを毎日回して米を100粒貯めると、無料クーポンがもらえる仕組みとなっている。12月のクーポンは「大盛りフライドポテト」だった（他の月では玉子焼、イカの唐揚げ、エビフライなどがあった）。これを使いたいが、なかなかチャンスがない。『やよい軒』は私の中でお代わりすることが前提なので、お腹を空かせるなど、事前調整がかなり必要なのだ（笑）。おかずもそれなりにボリュームがあるしね。ただ、朝食だとわりとおかずはライトなメニューが多い。ということで、朝食ギリギリの10時55分に『やよい軒』の町田店を訪れ、「納豆朝食」のボタンを押す。これは390円。

着席して、水を持ってきてくれたお姉さんにチケットともに、スマホのクーポンを見せて、「大盛りフライドポテト」ももらう。今日はちょっと寒いので、最初からお茶をいただくことに。ポットから汲んできて、ゆっくりと飲んでいると、定食とポテトが登場。おお、〝ザ・朝定食〟だな。ちょっとフライドポテトが浮いてる気がしないでもないけど（笑）。

ではまず味噌汁から。ワカメとネギ。やや濃い目の安定の味。続けて納豆を皿に移し、グルグルかき回し、しかる後に辛子、そして醤油を入れる。タレが付いている時もあるが、訪問時はなかったので、醤油にする。まあ、タレがあっても、醤油を使う人がいますね。「醤油の方がすっきりする」というのもありますね。とりあえずさらにグルグルかき回し、ご飯にかけてもりもり食べる。ああ、上京して35年、愛媛にいたころは、食べたことすらなかった納豆を普通においしく食べることができるようになったよ。
さて、納豆を食べ終えたらご飯が半分残ったので、今度は玉子に醤油を入れて、またまたかきまわし、ご飯にトロリ。玉子かけご飯をかきこむ。ああうまい。玉子かけご飯はこの世の中でもかなりおいしい食べ物だと思う。これに途中で味付けのりを千切って入れるとさらにうまさが倍増するのだ。あ、ご飯がなくなった。お代わりをもらいにお代わりマシーンのところに行く。このマシーンはご飯の量を選べるので、最も多い「並」のボタンをプッシュ。ホカホカの白米が茶碗に落ちてくる。
続けて、最近『やよい軒』が開発した新兵器の「ダシ」をかける。席に戻って漬物で茶漬けをサラサラ。ああ満足。本来ならもう1杯食べられるが、今日はフライドポテトがあるのでもういいか。このフライドポテトはカリカリに揚がっていて、実にナイス。ケチャップをつけつけ食べて大変な満腹となったのであった。

（2020年12）

2021年8月追記…その後メニューの変更があり、納豆朝食は350円と安くなった。しかし、肝心の生玉子が付かなくなった！　そこで私が注文するようになったのが「しらすおろし朝食」370円。納豆の代わりにしらすおろしと生玉子付き！　納豆がないのは残念だが、しらすおろしで健康な気持ちになれるし、1杯目を玉子かけご飯、2杯目をしらすおろしと時によってはクーポンのおかず、そして3杯目をお茶漬けにできるので、結構いいです。『やよい軒』さん、しばらくメニュー改定しないでね。

第3章

焼きそば vs チャーハン

焼きそばの旅

定食についで好きなのが実は「焼きそば」。ラーメンよりも断然焼きそば派です。焼きそばと言ってもいろいろあるが、一番好きなのは、五目あんのかかったかた焼きそばかなあ。

ということで、ここではいろんな焼きそばを各種紹介します。有名店からチェーン店までさまざま。ちなみに焼きそばって、具として野菜もいっぱい入っているので、一食で栄養もバッチリ取れていいですね。

北海道・札幌 やきそば屋

自分好みに味付けして食べる札幌が誇るソウルフード

札幌の大通。最初の用事が終わって、次の用事に行かねばならない。ランチをゆっくり食べてるほどの時間はないので、パッと食べていきたい。このシチュエーションだと、やはり『やきそば屋』だ

ろう。同行しているTさんに「焼きそばでいい?」と聞くと、「いいですね。一度入ってみたかったんです」と。ちょっと女子には敷居が高かったのかと思いつつ、入口でまずチケットを。時間がないから、並にしよう。Tさんもそれでいいそうなので、380円の「並」を券売機で2枚買う。

カウンターに座り、チケットを渡すと、するりと水が出てくる。Tさんに「この店は目の前のソースなどで自分で味をつけるのだ」と説明していたら、注文した「並」が素早く登場。相変わらず本当に早いな(笑)。「並」はキャベツともやしが少し入っているだけで、あとはひたすら麺。シンプルで潔いな。

卓上に並んだ調味料の中から特製ソース、マヨネーズ、そして紅ショウガを入れてくるくるかき混ぜて、さあ食べよう。おお、相変わらずガミガミと噛み応えのある麺。この歯ごたえが実にいい。少し味にパンチが欲しかったのでラー油をちょっと垂らすと味が締ってさらにいい感じ。

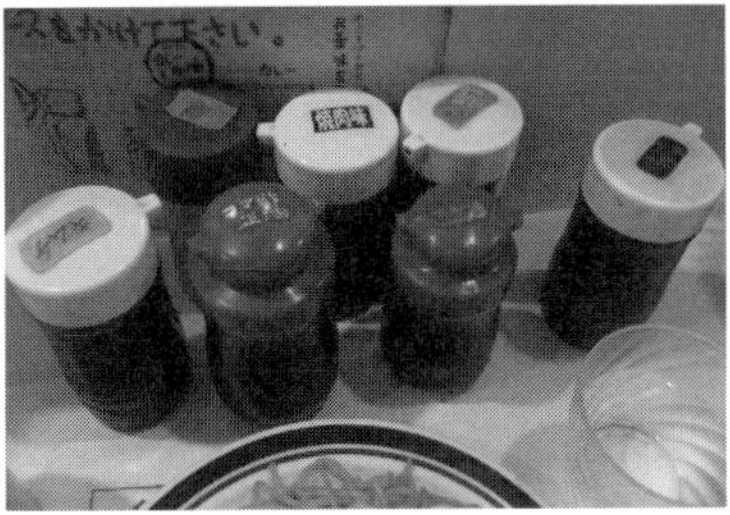

「すごい仕組みだし、おいしいですね」とTさん。「そうでしょう、ここは女子も一人で来られるよ」と言う。確かにカウンターには1人で食べに来ている様子の女子も少しだが座ってるのだ。ということで、素早く食べ終え、水をお代わりしてもう一杯飲み、Tさんと共に外に出たのであった。（2020年10月）

定番のソースだけではなく、キムチやラー油、焼肉味ソース、酢など味付けも自由

神奈川・伊勢佐木町

玉泉亭

創業103年！　老舗中華屋のあんかけ五目焼きそば

日曜日の昼下がりに久々に伊勢佐木の『玉泉亭』にやって来た。ここは1918（大正7）年創業の老舗の人気店なので、いつ行っても当然ほぼ満員。しかし、たまたま入口近くのテーブルが一つ空いたので座らせてもらう。

いわゆる横浜の老舗中華ですね。今日はとても焼きそば気分なので、「五目焼きそば」に決めた。ここは「カタ」「ヤワ」があるので「カタ」で。880円。普通の焼きそばは780円だが、今日はちょっと贅沢をしよう（笑）。注文して、店内のテレビをぼんやりと見つつ待つ。テレビはビートたけしの「TVタックル」をやっていて、「コロナで大変だ」という特集。本当に今年はコロナが大変だったなあ、来年には収まるといいけれどと考えていると、五目焼きそば登場。これはとてもカッコいい。五目あんかけの上に刻みチャーシューと錦糸玉子がのっている。実にスペシャル感満載ですね。

では、早速パリパリ麺に「あん」を絡めて食べる。かた焼きそばって、パリパリ、バリバリの麺が「あん」で徐々に柔らかくなっていく所に妙味があるよね。「あん」は白湯（パイタン）のやさしい味わい。野菜は白菜、ネギ、青菜、そしてキクラゲ、肉、エビも入っている。野菜はシャキシャキしていて歯ごたえもナイス。食べていると段々と豪華で幸せな気持ちになっていく。横浜は私にとってホームタウンだから、なおさらくつろいで食べられて心地よい。ちょっと辛子も付けてメリハリをつけよう。…上にのった刻みチャーシューは噛みしめると味が出てくるタイプ。うまい。最後にエビを食べて完食。冷たい水をごくっと飲んで席を立ち、会計。

ここは以前神奈川新聞の連載（『かながわ定食紀行』）でも紹介したので、店の人にご挨拶。「どこに載ったんだっけ？」と店のご婦人がおっしゃる。「ほら、ここですよ」と店にあった神奈川新聞の連載を見せる。たまたま年に一度の定食座談会の会で、私の顔写真も出ていたので、それと見比べて「あっ！」と店のご婦人が言ったのがよかったね（笑）。

（2020年12月）

白菜、ネギ、青菜などの野菜や肉、エビな具だくさん。食べてると幸せな気分になります

東京・北千住

珍来

バリバリ麺がおつゆでほどけていく感じがたまらない「揚げ焼きそば」

東京メトロを北千住で降りて、東口から学園通りを歩く。このまま歩いて、学園東通りに右折。合計15分ほど歩くと東武牛田駅と京成関屋駅にたどり着くのだ。今日は青砥に用事があるので、この後は京成関屋駅ですね。この歩いて向かう途中の道はかなり楽しい。特に学園通りはスーパーや総菜屋やら安くてとてもいい雰囲気のお店が並んでいる。土曜の13時で、天気が良いせいか、買い物をしているおじさん、おばさん、学生などで通りはとても賑やか。この後、わりとヘビーな仕事があるので、ここでしっかり腹ごしらえをしておこう。

…お、ちょうど『珍来』があるじゃないか。1928（昭和3）年創業の老舗で総本店直営が4店あり、その他は珍栄会グループ店だそうだ。北千住のこのお店もグループ店ですね。

さて、入店して2人掛けの席に座る。焼きそばは3種類ある。「ソース焼きそば」550円、「揚げ焼きそば」750円、「五目焼きそば」850円。うーむ、悩むところだ。しばし迷って、今日は揚げ焼きそばにしようと決めた。水を持ってきたお兄さんに注文。店内はコロナ対応でアクリルボードがいっぱい立ってある。まあ安心だなと思っていると、揚げやきそば登場。これはなんともボリューム満点。具は白菜、キクラゲ、もやし、ニラ、ニンジン、タケノコ、シイタケととても豊富。では食べよう。

ここの揚げ焼きそばはおつゆがたっぷり。麺は太めでバリバリに揚げてある。おつゆの中で、揚げ麺が少しづつほどけていく感じがたまらないなぁ。白菜などのシャキシャキした野菜とおつゆの優しい味わい（醤油系）の相性がよく、食べていると「野菜貯金」が蓄積し、どんどん健康になっていく気がするよ。このまま食べ続けてもよかったが、今日は辛子と酢を少し投入してみよう。酢を入れたゾーンはまさに「酢」テキな感じになった（笑）。あれ？入っていないかと思ったら、ちゃんと豚肉も入っていたよ。なぜか少し安心。

食べ終えると、おつゆがたっぷりと残っている。ちょっと名残惜しいので、お皿を持って少しおつゆを飲んだのであった。あーうまい。

（2020年12月）

今回は揚げ焼きそばにしたけど次はソース焼きそばか五目焼きそばを食べに来よう

東京・高田馬場

秀永

とにかく具が盛りだくさん！　高田馬場が誇る人気町中華の豪華な五目焼きそば

年末の高田馬場。今日は早稲田松竹の前にある『秀永』に行こう。オレンジに緑色の看板が目印のここは実は素晴らしい名店なのですね。13時50分に入店すると、ほぼ満員。コロナの時期なのでややひるんでしまう。幸い、手前の2人掛けの席が空いたので、すぐ座らせてもらう。隣では女子大生と思しき3人組が食べているな。

　今日は「五目焼きそば（かたやき）」を食べようと心に決めてきたので、店の人に注文。800円ですね。しばし水を飲みつつ待つ。BGMに聞き入っていると登場。こりゃ豪華だ。揚げ麺が太いな。具は白菜、青菜、ニンジン、タケノコ、マッ

いろんな野菜に肉、ハム、うずら玉子…とにかくすごいサービスぶり!

シュルーム、キクラゲ、ハム、豚肉、そしてうずら玉子が1つのっている。いやあ、盛りだくさんだ。

手前から食べると、優しい醤油味。やや甘い系の「あん」をボリボリの太麺に絡めて食べる。太麺は中空となっているようで、とてもクリスピーなのもいい。それにしても、肉の量が多く、すごいサービスぶり。辛子もちょっと付けて食べるとスパイシーでイイ感じ。やはりここはおいしいなと感動しつつ、揚げ麺を食べ続けたのであった(最後までボリボリだったよ)。

(2020年12月)

東京・上石神井

ぎょうざの満洲

野菜も肉もたっぷり　人気チェーン店の具だくさん焼きそば

西武新宿線の上石神井駅で用事が終わった。15時。昼ご飯を食べていないのでどうしようかと思って、街を歩いていたら『ぎょうざの満洲』があった！　ここはチェーン店だがおいしいからね。なおかつ今日は「安売りの日」だ。すかさず、生ラーメンと生餃子を買う。そして、店内も空いている感じなので、少し食べて行こう。……となるとだ。うん、焼きそばだな。

店の真ん中あたりの席に座って、「焼きそば」５０６円を注文。一緒に餃子も食べようかと思ったが、さっき生餃子買ったからいいか。タブレットで注文。しばし待つと登場。おお、スープも付いていてステキ。結構量があるな。

まずはスープから。ネギと玉子のさっぱりスープ。これを飲んで心を落ち着かせる。続けて焼きそばに。ニンジン、キャベツ、もやし、タマネギ、ピーマン、キクラゲ、そして豚肉と具だくさん。早速食べると、もちもち麺、ソースもなめらかでとても食べ応えがある。野菜をシャキシャキ食べる幸せと麺をツルツル食べる幸せがミックスされていて、これは素晴らしい「幸せのハーモニー」に。紅ショウガが付いてるのもアクセントとなって

お客様番
11
ご来店ありがとうございます。
お会計の際に、こちらを
レジにお持ちください。
お会計 No.9011
B0901138
ぎょうざの満洲

もちもちした麺となめらかな
濃いめのソースとの幸せのコラボ

いい。…ただ、やっぱり餃子も一緒に食べるべきだったとちょっと反省。ただし、今から注文すると、おそらく焼きそばを食べ終えた後に餃子が到着するので間が悪い…。やはりタイミングが大事だと思いつつ、肉を噛みしめたのであった。

（2020年12月）

神奈川・横浜

龍味

横浜西口地下街の行列ができる名店名物・ボリューム満点焼きそば

横浜駅に17時に着いた。実は今日はずっと忙しくて昼ご飯を食べていない。この後、17時30分からしばらく用事がある。この短い時間でなんとか食事をしておかないと、へたばってしまうな。そんなことを思いながら横浜ダイヤモンド地下街を歩いていると、『龍味』の前に着いた。やった！　行列がない。これならすぐ入れるな。ということで入店。ここはもう、西口の〝宝〟ですね。

店内に入り、スルッとカウンターの空いている席に座る。隣の女性、おっさんに目礼（これ大事）。ご飯付きで定食的に食べたかったが、今日は時間がないので、「チャーメン」（漢字で書くと「炒麺」。いわゆる焼きそばのこと）本体450円にしよう。注文して、カウンターの向こうの調理の様子を眺めて待つ。左隣のおっさんはワンタン麺を、女性は注文を待っていた。水をごくりと飲んでいると、チャーメンが出てきたよ。あっ、隣の女性も同じ注文だったようで、やはりチャーメン。これはもうボリューム満点の太麺の焼きそば。ソース味ではなく、塩味なのがポイント。

ニンジン、タマネギ、もやし、ニラ、キャベツの野菜たっぷりと肉も入っている。もちもち太麺とシャキシャキ野菜の歯ごたえがたまりません。あと、炒めたときのおつゆも少し残っていて、このおつゆが野菜の滋養を含んだ塩味でステキ。今日は少しこれにラー油をかけてみよう。…これは！　なんだか辛さだけではなく、香ばしくなったぞ。いやあ新たな発見だったなと思いつつ、食べ終え、最後に冷たい水をお代わりしてもらったのだった。ああ水もうまい。

（2018年7月）

まるでうどんのような太麺のもちもちさと野菜のシャキシャキさがたまりません

千葉・松戸

ゆうえん

近所にあったら通ってしまう安定感抜群の中華料理店

雨の中、松戸にやって来た。駅前に『ゆうえん』という中華料理店がある。清潔そうだし、何だかおいしそうな気配がする。よし、ここに入ろう。15時だが、ランチもやっていてエライ。

カウンター席もあるが、それほど混んでいないので、奥の4名がけのテーブルに座らせてもらう。メニューを見ると「焼きそばセット」がある。焼きそばと餃子、ミニチャーハンのセットで、餃子もしくはミニチャーハンだと税込868円、両方だと1061円。悩ましいが、餃子の方のセットにしよう。焼きそばは「五目焼きそば」のようだ。「普通」のか「揚げ」かを選べるようなので、揚げにしてもらう。かくして注文し、出てきた水を飲みつつしばし待つ。

隣の席に女子高生と保護者らしき家族がやって来た。メニューを見ていろいろ決めている姿がほほえましいなと思っていると、私のセットが登場。おお、ステキだ。餃子は5個。小皿と一体型のお皿にのっている。まずラー油、酢、醤油でタレを作る。準備ができたと

ころでまずは焼きそばから。具は白菜、ニンジン、タマネギ、しいたけ、豚肉、イカ、うずら玉子といろいろ入っている。食べると、麺はよく揚がっていて、ベビースターラーメンのような食感。ポリポリ。「あん」は醤油味で、この「あん」のおかげでカリカリの麺が徐々に柔らかくなっていくわけだ。シャキシャキ野菜とのハーモニーがたまりません。これは幸せだ。

あ、餃子も食べよう。皮はパリパリ、具はしっとり系。わりと「真ん中」を攻めてきた素直なおいしさですね。安定感があるなあ。値段も手ごろだし、「普通」においしいのは素晴らしい。私も松戸に住んでいたら、わりと頻繁に来る店になるだろうなと思いつつ、再び焼きそばを食べはじめたのであった（かなり満足）。

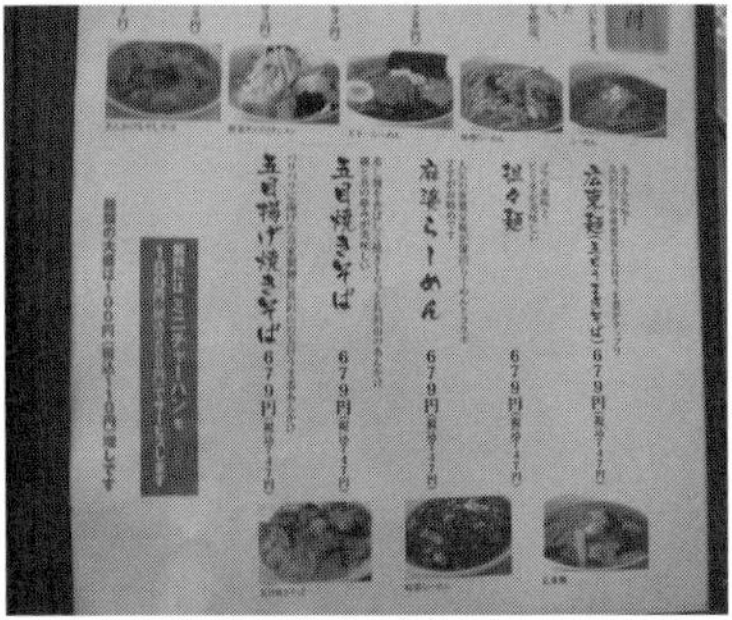

（２０２１年5月19日）

パリパリしたのと徐々にあんで柔らかくなったのと
2度楽しめるのが揚げ焼きそばの醍醐味です

中華厨房 ゆうえん

「チャーハン」を食べたい

そもそも白米至上主義者なので、基本的に米は大好き。米の料理である「チャーハン」も当然大好きなわけだ。本来なら、別立てとしている「焼きそば」と一緒に食べたいところだが、さすがに最近は主食二つは厳しいこともある。

ということで、チャーハン単体かそれに餃子やラーメンなどを付けるか、どちらかを半分サイズにして食すのが近年の流れかな（焼きそばは半分というのはあまりないのです）。

ちなみに米をコーティングしているように油分が強めなのが「チャーハン」、逆に弱めなのが「焼き飯」という自分なりの分類があったが、その中間的存在もわりとあることも判明してきました。ここでは、もはや国民食といっても過言ではない「チャーハン」の名店からチェーン店、郊外店と幅広く紹介します。

東京・中野

寿楽

おまけで餃子も付けてくれるお得なラーメン+半チャーハンセット

J校のW先生は古い知人（これまでにも拙著『ニッポン定食散歩』に登場しています）。昔から時々お会いして、いろいろと四方山話をする仲だ。そんなW先生はチャーハン好きで、中でもお気に入りNo.1は中野にある『寿楽』だそうだ。「できれば、チャーハンと一緒に肉と野菜のカレー炒めを食べて欲しい」とこれまで何度もお聞きしていた。

そんな折、中野に行く用事ができたので、訪れることに。店は中野駅を南口に出て、マルイを越えた小道にある。おお、何ともステキな店構え。それほど大きな店ではないな。店内に入り、カウンターに着席。夕方近くの中途半端な時間なのでわりと空いていた。なんだか、とてもラーメンが食べたくなったので、「ラーメン」420円に「半チャーハン」200円を付けよう。W先生、カレー炒め食べなくてすみません（笑）。合わせて620円なんて、それにしても安いな。

お店はおやっさん2人でやっているようだ。訪れたのがちょうど令和になったタイミングだったので、そのことに関するテレビ番組をやっていた。ぼんやりとそれを見つつ待っ

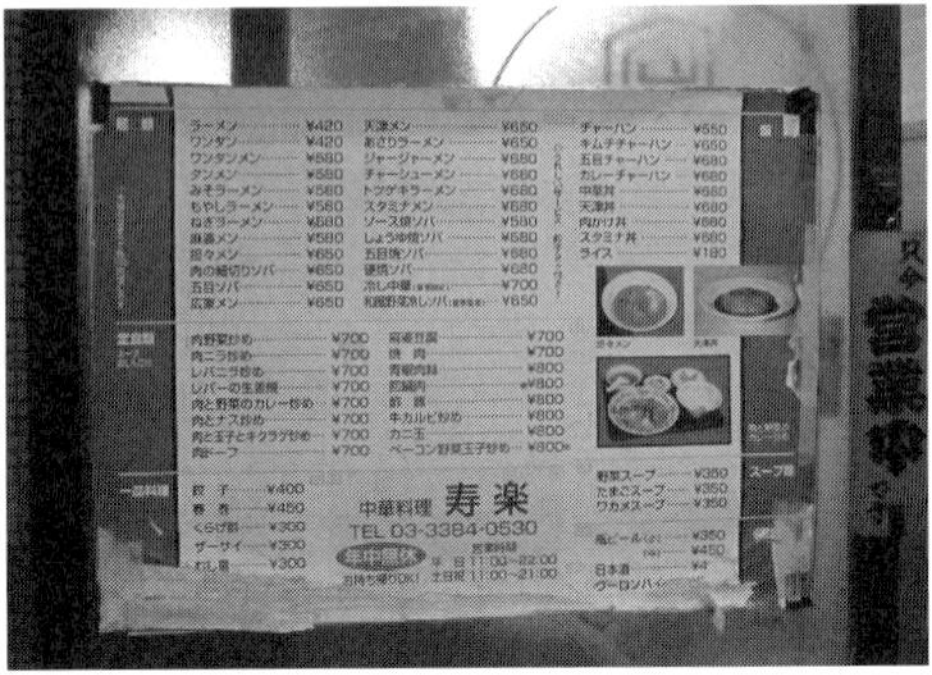

ていると、セットで登場。これは素晴らしい。なんとおまけで餃子が2個、そしてさらにお新香も付いているよ。

　ではまずラーメンから。海苔、メンマ、ほうれん草、チャーシューという、タダシイ東京ラーメンといった感じ。まずは天地返しをしてスープから。直球の醤油味だが、まろやかで少し甘味が感じられる愛らしい味わい。これはとても好き。麺もコシが適度にあり、ツルツルと食べられる。このクオリティで420円はホント安いな。

　ではチャーハンに。具は玉子、ハム、ネギ。レンゲですくって、まずは一口。フワッと口の中で香味が漂うタイプ。しっとり系か。確かにこれは果てしなくおいしい。W先生がプッシュするはずだ。

　では餃子も食べよう。皮もパリッと焼けていて、具のバランスのよい餃子。これが2個サービスなんて、なんてステキな店なんだ。お新香は白菜、ニンジン、大根の千切り。食べるとピリリと辛味がある。口もさっぱり。再び麺に戻る。海苔が次第にスープにほどけて、やや磯の香がするようになってきた気がする。

かくして麺を食べ終え、チャーシューを食べる。最後は2個目の餃子を食べて完了にしようかと思ったが、チャーハンがあまりにもすごかったので、それを最後の締めに食べて大満足で完食。ああおいしかった。

会計時におやっさんに、「実は知り合いに紹介されまして。その人はチャーハンと同時に肉と野菜のカレー炒めも食べてと言ってました」と話すと、「ああ、その人、知っているよ！　最近来ないけど元気？」とおやっさん。「はい、元気ですよ」と答えたのであった。

なんだ、W先生、ご無沙汰していたんですね。今度ご一緒して、「肉と野菜のカレー炒め」食べましょう！

（2019年5月）

チャーハン好きのW先生がNo.1とプッシュしてくれた一品はフワッと口の中で香味が漂うタイプ

東京・白山

兆徳

フワリとした玉子の味わいと米のパラリ感が絶妙のバランスの絶品チャーハン

夕方の白山。この地にキャンパスを構える東洋大学の知り合いの方々から「白山に『兆徳』あり」「『兆徳』があるのは白山」と何度も聞いていた。『兆徳』とは〝チャーハン好きの聖地〟とも呼ばれている名店だそう。いよいよ今日はチャレンジしてみよう。店構えはどこか懐かしい街の中華屋といった趣。

入店し、端っこの席に座る。やはり賑わっている。やっぱり人気があるんだね。メニューを見ると「チャーハン（醤油味）」と「玉子チャーハン（塩味）」がある。とても悩んだが、ここは玉子チャーハンだろう。650円（当時）。早速注文。カウンターの向こう側でオヤッさんが私のチャーハンを作成に入るようだ。席から小気味よく鍋を振るっている姿が良く見えるな。かくして完成。スープとともに到着。おお、これは黄金色に輝く美しさ。

まずはスープから。熱々のあっさりした味わいのスープ。コクがありおいしい。続けてチャーハンにレンゲを入れる。おお、スルリと入っていくぞ。食べるとこれがビックリ！　玉子のフワリと米のパラリが絶妙のバランス。驚きの軽やかさだよ。具は玉子とネギだけとシンプルなのに、うまみも深く、サクサクと食べられる。これはスゴイ。東洋大学の知人たちから聞かされてきたことは全然大げさではなかった。料理としては、ペペロンチーノのようにシンプルな素材だけなのに、オヤッさんの技術力でここまでの完成度となっているのだ。

もうね、自動機械のように一心不乱に夢中で食べてしまいましたよ。そして食べ終わった後に深い深い満足感。いやあ、おいしいもの食べるってすごく元気が出るなと感動しつつ、会計をして店を後にしたのだった。今度は醤油味食べに来よう！

（2019年3月）

あまりのおいしさに無心で食べ終えてしまいました

東京・高田馬場

中華食堂一番館

いい意味で〝普通〟のワンコイン「らぁ麺炒飯セット」

一度入ってみたかったのが、高田馬場にある『中華食堂一番館』。大体高田馬場は、入りたい店が多くて、いつも選択に困るんだよね。今回は中華気分でもあり、駅からほど近い早稲田通り沿いにある『一番館』に直行。ここはどうやらチェーン店らしい。高田馬場のお店の中は細長いな。15時30分という中途半端な時間のため、店内はわりと空いていて、のんびりとした雰囲気。奥のテーブル席に座る。隣の席では老人数名たちが中華料理を並べて宴会をしていた。

さて何にしようかな。「ミニらぁ麺セット」が良さそうだ。炒飯セット500円、麻婆丼セット600円、中華丼セット600円と3種類あるが、ここは炒飯セットにしよう。安いな。それにしても、クリアアサヒが200円、ハイボール110円、酎ハイ110円と料理だけでなく、ドリンクメニューも異常に安い（笑）。街で缶コーヒー買うより安いので、これだとついうかうか飲んでしまうな、だから老人たちは盛り上がっているのだと思っていると、早速登場。これはナカナカ。ミニらぁ麺には、ひき肉、もやし、ネギ、炒飯にはネギ、肉、玉子が入っている。

チェーン店らしい、クセのない安定した味。
それも大事なことです

まずはらぁ麺のスープから。醤油ベースのシンプルな味。これはこれで普通でいい感じ。では、麺をぐるぐるかき混ぜてと。中くらいの太さの麺で、シコシコ。スープとよく絡まっておいしいよ。

続けてチャーハン。パラリ系ではない。しっとり系でもない。そしてすごくおいしいわけではないが、おいしくないわけでもない。まさに「普通」。クセのない安定した味。何しろ、このセット500円だから、それにしちゃ上出来と考えるべきか。それにしても、隣の老人たちの話がすごい。昔5000円貸した中国人にこの前あったら、10億円の豪邸を建てていて驚いた話から、東山魁夷の魅力まで話題の振幅が実に広い。面白いな、なんだかとても馬場っぽいなと思いつつ、ラーメンの具のもやしとひき肉を食べたのであった。（2019年10月）

東京・有楽町

交通飯店

パラリとしたお米の一粒一粒からうまみがにじみ出ている極上チャーハン

東京メトロの有楽町駅D8出口からは交通会館に直結。そこから入ってすぐ左折すると、名店『交通飯店』がある。ここは創業50年以上の歴史があり、交通会館地下の飲食街「ぶらり横丁」においても際立ってレトロな雰囲気を醸し出している。

13時だが、4名並んでいる。いつもだったらこの時間帯、もっと並んでいるので、この程度ならOKだろうと列の最後に並ぶと、店の人がすぐ注文を取りにきてくれたので「ミニチャーハンセット」を注文。お値段1000円。するとすぐに店内の2人掛けの席に案内される。カウンターは一人おきとか、かなり感染対策はしてくれていて安心。さっぱりとした店内だが、もう店中においしい店特有の「活気」が満ちているね。客層もサラリーマン、熟年の夫婦、女子一人や学生風などさまざまだ。

店の奥にテレビがあり、昼の情報バラエティ番組（「バイキング」）をやっている。それをぼんやり見ていると、沢庵と水が同時に出てきて、続けてスープ、そしてチャーハン登場。これはものすごくおいしそう。すぐにでも食べたいところだが、セットの餃子が出てくるまで食べるのは待とう。「バイキング」は小室圭さんのことをずっと報じている。そして餃子登場。これはカッコいい！　美しい餃子だよ。酢、醤油、ラー油でタレを作り準備完了。

ではまずはスープから。ネギ入りの醤油味。ネギにもしっかり味がついているような気がする。すっきり薄めだが、滋養あふれる味わい。

ではいよいよチャーハン。ハム、玉子、ネギのシンプルな具だが、一口食べてビックリ。パラリとしていて、お米の一粒一粒からブォンと湯気の出ているようなホッカホカさ。軽快にサクサク食べることができるね。

軽快にサクサク食べれるオーソドックスなおいしさです

さらに途中スープを飲みつつ食べる。…案の定、スープの適度な濃さとチャーハンのうまみが見事に口の中で合わさって、さらにおいしさを高めあっている。伴走者としてのスープなんだね。いやあ素晴らしい。

　では餃子。6個ある。タレにつけて食べると、皮がカリッ、サクッ、中身はかろやかなのに具はしっかりと入っている。スゲーや。この組み合わせはやはり「鉄板」だな。

　ということで、チャーハン↓スープ↓餃子の三角食べを行う。中盤で沢庵も食べて気分転換。かくしてスープは飲み終わり、後はチャーハン2口、餃子が2つ残る。まず餃子を1つ食べ、チャーハンの残りを食べ、一番最後に餃子を味わいつつ食べたのであった。あーーー幸せだ。

（2020年11月）

東京・町田　十年

味も量も文句なし！　細切りの豚肉とザーサイが見事にマッチした一品

　町田で前から評判だった中華料理店『十年』に入ってみた。ちょうど13時に町田で仕事が終わって、15時に都心で別の用事が入っていたから、食べていくのにナイスなタイミングだ。こういうシチュエーシ

ザーサイの独特の歯ごたえとピーマンのシャキシャキ具合がいい感じでした

ヨンでもないと、なかなか自分のホームタウンで食事をするということはないですからね。独身の時ならいざ知らず、結婚しているから、ホームタウンに戻ってくると、自宅で食事をすることになるからだ。それでも子どもが小さい時は、自宅の近所で外食をすることもあったが、子どもも大きくなったのでそういう機会もなくなった。さらに私基本的にそれほど飲めないので、帰宅時に家の近所で一杯ということも少ないし、そもそも用事の関係で、町田に帰り着くのが毎日ほぼ深夜なので、飲み屋開発もなかなかできない。さらに2020年は新型コロナウイルスのせいで、外食もハードルがやや高くなってしまったからね。

さて、駅から徒歩5分程度の立地で、

地下1階に同店はある。階段を下りて入口近くの席に座る。何にしようか。ランチで「豚肉ザーサイ炒飯」がおいしそうだったのでこれにしよう。600円。さらにドリンク付。安いな。隣の同年代のおっさんもどうやら同じメニューを食べているようだ。とてもおいしそう。よしよし。飲み物は食後にホットコーヒーをもらうことにしよう。

水を飲みつつ待っていると素早く登場。…これはものすごい量だ。大きめのお皿にたっぷり。昨日『やよい軒』でご飯3杯食べているので、これ食べきれるかなあ…。

ではまずスープから。かき玉で、ニンジン、豆腐入り。塩味がくっきりしている。おいしいなあ。

ではチャーハン。名前の通り、豚肉の細切りとザーサイ、そしてピーマン、ネギ、玉子が入っている。レンゲではなくスプーンでまずは一口。おお、ホカホカ！　オイリーで、スルスルと滑らかに食べることができる。ザーサイの塩味と独特の歯ごたえ、豚肉の確かさ、ピーマンのシャキシャキでなかなかいい感じ。小鉢でもやしの和え物が付いているのもうれしい。しかし量が多い。茶碗3杯分くらいあるんじゃないか…。…ダメだ。ここで食べ過ぎると午後が辛い。しかし残すのはイヤなので全体の2／3を食べ終え、容器をもらってそれに詰めて残りは持ち帰りに。

そして食後のデザート、杏仁豆腐。缶詰みかんが1つ入っていてさっぱり。あ、コーヒーが来た。それを少しゆったりと飲みくつろいだのであった。

（2020年12月）

第4章

東京メトロに乗って
首都圏定食漫遊

東京メトロに乗って首都圏定食漫遊

この5年くらい、地方の出張が減り、その反面、首都圏内の移動は激しくなった。特に都内はほぼ毎日グルグル回っている感じ。以前はJR山手線を中心として移動することが多かったが、最近は地下鉄、特に東京メトロが複数の私鉄と乗り入れを始めたこともあって、その使用率がぐんと上がった。また、途中で寄り道をすることを考えると、「東京メトロ24時間券」(600円)を使用するととても便利なこともわかった。東京メトロって、乗っていると、これまで知らなかった東京の「意外な側面」が見えてきて、とても楽しいですね。

ということで、ここでは地下鉄各路線に乗って、その紹介とともに、定食やスイーツ、喫茶店での食事、駅ナカの買い物などを紹介することとしましょう。

日比谷線

メトロの中でも最も親しんでいる銀色の車両

東京のメトロの中で、私が一番乗っているのは日比谷線ですね。開業は1961年と東京メトロ(帝都高速度交通営団)としては古い(最初は南千住駅〜仲御徒町駅)路線。日比谷線自体は中目黒～北千住だが、東武伊勢崎線と乗り入れをしているため、結構遠くまで行けます。

　私が頻繁に乗っている理由は、昼間にいる場所が恵比寿ということもあります。私は町田に住んでいて、横浜線で菊名から東急東横線に乗り換えているけれど、以前の日比谷線は菊名始発も多かったのでとても便利でした。２０１３年に東急東横線が副都心線と直通運転を始めたため、東急東横線との相互直通運転が終了してしまった。そのため今は、中目黒で乗り換えるわけです。

　大体全路線乗っているが、頻繁に降りる駅はわりと決まっている。かなり複数の路線に乗り換えることができるため、特に霞が関駅、日比谷駅はよく乗り換えているな。もちろん、乗りっぱなしで、北千住に行けるけれど、両駅で千代田線に乗り換えると少しだけ早く到着しますね。

　乗り換え以外で目的があって降りるのは、仲御徒町駅で、これはもう改札を出ると大好きな『多慶屋』があるからですね。

　では、沿線での食事を紹介します（以下の路線もこんな感じです）。

日比谷線・恵比寿

もぐら亭

なくなってしまった『もぐら亭』でよく食べた「ビーフじゅうじゅう焼き」

私にとって"恵比寿三大定食スポット"の一つであった『もぐら亭』の跡地

かれこれ、30年ほど恵比寿にいる私。昼ご飯を食べるスポットはいくつかある。ただ、この30年間でそのスポットは徐々に変化している。かつては恵比寿駅東口方面にもよく出かけた。名店『こづち』は東口にありますね。しかし、徐々に渋谷方面に私の行動半径が移動し、むしろ恵比寿近辺ではあまり食べなくなった。まあ、以前より昼間は激しく移動していて恵比寿にいないというのもありますわね。ただ、それでも一日恵比寿にいるときによく出かけるのが西口のピーコックストアの裏通り。ここには、私がよく通っていた3つの定食スポットがある。いやあった。それは『なかよし』『どんく』『もぐら亭』。

このうち『もぐら亭』は地下1階にあるバーで、夜もよく行ったな。時計はずっと10時を指している。つまり、壊れているわけで、その時計を信じて「ああ、まだ大丈夫だなと」と飲み続け、ふと自分の腕時計を見て「ヤバい、終電だ！」と慌てふためくというのが定番の流れだった。「壊れていること」をなぜかずっと学習しなくて、いつも「繰り返しギャグ」だったな（笑）。

で、この『もぐら亭』は「日替わりランチ」「ビーフじゅうじゅう焼き」「パスタ」「カレー」などがあって、最後まで「パスタ」は食べたことがなかった。「日替わり」は750円、「ビーフじゅうじゅう焼き」は770円で、いずれもコーヒー・紅茶（冷 or 温）が付いていた。「ひげブラザーズ」と私たちが勝手に呼んでいたダンディな髭のアニキが2人で経営していて、入店して注文すると、「コーヒーか紅茶」と低音で言われるので、すかさず「冷たいコーヒー」とかいうのがまあ決まりでしたね。何も言わなくてもご飯も大盛りにしてくれたし、飲み物付きで700円台というのは、かなり貴重だった。そして何より、やや不愛想だが、料理はとてもおいしかったので、かなり頻繁に訪れた。特に鉄板の上に牛肉のコマ切れがもやしと一緒に焼かれつつ出てくる「ビーフじゅうじゅう焼き」はよく食べたな。

ただ残念ながら、この『もぐら亭』は今はなくなってしまった。残る『なかよし』と『どんく』は健在。

日比谷線・恵比寿

なかよし

土鍋で炊いたツヤツヤご飯と焼き立てホクホクのサバとの相性ピッタリ！

今回は、まず『なかよし』を紹介する。『なかよし』は1983（昭和58）年創業。現在は恵比寿・渋谷近辺を中心に複数の店舗が運営されている（どうやら途中で経営が変わったらしい）。先日（2020年7月）、水道橋にも店舗ができていて驚いた。いずれにしても、自分のずっと通っていた店が継続し、発展するのはとてもうれしいことだ。

14時くらいに店に入るとほぼ満席。こりゃびっくり。幸い4名掛けが空いたので座らせてもらう（食べていると、お姉さんが一人同列に相席になったが）。今日はサバ塩だと決めていたので、「サバの塩焼き定食」850円に。

出てきた大きな水を飲みつつしばし待つ。若い人が多いなあ。多くの客は食べたら出ていくか、マスクを着け直して話している。このあたりが2020年8月現在のエチケットだよなあと思っていると、私のサバ塩登場。おお、焼き立てなので、サバの皮がぷくぷく

脂ののったサバにご飯が進みすぎて、お代わり3杯目も行けそうでしたが、自重しました（笑）

とうごめいているよ！　まず大根おろしに醤油を垂らして、サバにレモンを絞って準備完了！

　では味噌汁から。油揚とネギ。やや薄味で、ほんのり酸味があるのが『なかよし』の味。うまい。続いてサバに箸をブスリ。焼き立てホクホクだね。脂がのっているけれど、爽やかな味わい。すかさずご飯をかきこむ。ツヤツヤの炊きたて。長い『なかよし』の歴史の中で、土鍋で炊くようになってからは格段にご飯がおいしくなった。やはり定食屋の基本は「米」だからね。

　副菜も2つ。高野豆腐と竹輪の煮物、切干大根、キュウリ、ニンジンなどの和え物。特に切干大根の方はシャキシャキとした歯ごたえと鷹の爪の辛みがステキ。ああ、ご飯がなくなった。通りかかったお兄さんにお代わりをもらう（『なかよし』はお代わりできるのだ！）。「どのくらい？」とお兄さんに聞かれたので「普通」でと応える。かくして2杯目をもらい、モリモリ食べてほぼなくなる。間違いなく3杯目もいけそうだが、サバの「在庫」が切れかかっていたのと、53歳のおっさんが3杯食べるのもどうかと思い、停止（笑）。残りはサバだけを楽しもう。皮が残っているしね。若い時は、皮を残したけど、むしろこれがおいしいことはおっさんになるとよくわかってくる。ゆえに一番最後にこの皮をパリパリと食べたのであった。そう、おっさんは魚の皮を食べるんだよ。

（2020年8月）

日比谷線・恵比寿

どんく

これからも永遠に続けていってほしい 恵比寿が誇る大衆食堂

小雨の降る6月の15時に『どんく』にやって来た。遅い昼食を食べようと思ったのだ。この店は通し営業なので、とても助かる。店の奥に座り、壁にかかっているメニューを眺める。チキンカツもいいが、やはり「すり身定食」にしよう。850円。大盛りも無料なので、そうしてもらう。

『どんく』に通ってもう30年近くが経つが、メニューも大きく変化はない。少し値段が上がったが、それは大したことではなく、何よりも店がずっと続いていることがとてもうれしい。店内に流れる洋楽のBGMを聞きつつぼんやりと待つ。こんな時間だが、やはりお昼を食べ損ねたサラリーマンやお兄さん、お姉さんたちがご飯をゆっくり食べているのがとても良い。

それにしても、『どんく』はとても気持ちが良い。昔は白い壁だったが、今は木目の落ち着く店内で、まるで実家に戻ってきたかのような安心感があるな。そんなことをぼんやりと考えていると、「お待ちどうさま」とおかみさんがほほ笑みつつ、定食を持ってきてくれた。おお、相変わらずビューティフルな「すり身定食」。

いつものようにまずはスープからいただく。具はネギとワカメ。少し薄い感じの白濁スープ。しかしコクがあって、飲んでしばらくするとおいしさが体中をかけめぐるタイプ。このスープを飲むと「『どんく』に戻ってきた〜」という感慨に浸れるのであった。

ではすり身に。おお、プリプリに揚がり、弾力がステキ。なおかつ適度な塩加減でマヨをつけるとまろやかに味変。このまろやかさと塩加減でおかず力が高まる。うめ〜。私、も

ともと四国今治の人なので、今治語でいう「天ぷら」、世間的には「さつま揚げ」系は大好きですらね。しかもこれは揚げたてだからさらにうまい。

　続けて、沢庵をご飯に移動し、空いた小皿にソースを入れる。ソースをつけつつすり身を食べてもおいしいんですよね。ポテサラとトマト、そしてキャベツが添えられているのも昔と全く変わらない。これで野菜貯金ができていいんだよね。…かくしてご飯を食べ終わったところで、すり身が2つ残った。キャベツもすべて食べ終えた後で、この残ったすり身を単独でゆっくり味わうのが私の食べ方。この食

ぷりぷりに揚がって、弾力のあるすり身は適度な塩加減が秀逸です

べ方も死ぬまで変わらないだろうな。『どんく』は創業1981年、つまり昭和56年とのことだが、この後もずっとお店は健やかに続いて欲しいと願いつつ、最後のすり身をかじったのであった。（2020年6月）

日比谷線・人形町

初音

東京最古の甘味処の歴史を感じさせる上品なあんみつ

ちょっと肌寒い秋の夕方。北千住で用事が終わった。少し時間がある。用事は同僚のSさんが同行している。「よかったら、途中で甘いもの食べない？」と提案したら、頷いてくれたので、人形町で降りる。目指すは『甘味処　初音』ですね。なんとここは天保8（1837）年創業という老舗。人形町は素晴らしい街で、おいしい洋食と甘味に満ちているのだ。

『初音』は駅からも近くて便利だ。入店すると、落ち着いた店内。そんなに混んでなくて良かった。手前のテーブルに座り、何にするか。「私はあんみつ食べるけど、Sさんは？」と聞くと、メニューを見てしば

パフェやかき氷などもありますが、いつもやっぱり
「あんみつ」をチョイスしてしまいます

し考えて「私も同じでいいです」と。と言うことで、「あんみつ」を２つ注文。ちなみにお値段７００円です。出てきたお茶を飲みつつ、Ｓさんと先ほどの用事の話などをしていたら、「あんみつ」登場。ステキ。あんこの上に求肥《ぎゅうひ》、サクランボ、桜桃、みかんがのっている。食べると寒天と黒蜜のバランスも良く、とにかく柔らかい

あんこがおいしい。ズドンと甘さが体の中に落ちて染みわたる感じ。「ああ、うまいわ」と思わずＳさんに言ってしまったのだった。Ｓさんもどうやら気に入ってくれたようなので、また来よう。

（２０１９年10月）

日比谷線・仲御徒町

御徒町小町食堂

並んだメニューの中からお好みの品を自由にチョイスできるセルフサービス食堂

寒い。冷たい雨が降る土曜の夕方。仲御徒町駅で降りる。例によって、『多慶屋』で買い物をしようと思ったが、昼にジャムパンを1つ食べただけなので、その前に食事をしていこう。となると、『御徒町小町食堂』だろう。すっかり、この店は御徒町の定番的な店となったな。今は無きガード下にあった『御徒町食堂』が懐かしいが、もうそちらを記憶している人も少なくなっただろう。そうやって街は変わっていき、人々は、現実の街の中にかつての街の「まぼろし」を追いかけていくのだろう。特に東京は変化が激しいので、まさに「まぼろし」都市なのかも知れない。

さて、入店すると結構空いている。ここは最初におかずを選ぶシステム。よし、メインはアジフライ

だな。170円。そして今日は豚汁が100円のセールだったので、それとライス160円で、合計430円。もう一品取っても良かったが、この後夕食を家で食べるので、ここは軽くでいいや。お店の人がアジフライを温めてくれ、ラップを取って渡してくれる。お茶を汲んで、窓際の席に座る。まずは豚汁に七味唐辛子をかけて、アジフライにソースをかけてと。よし、準備完了。

最初は豚汁から。ニンジン、大根、ごぼう、油揚げ、こんにゃく、里芋、そして豚肉が入り上に刻みネギがかかっている。あーーー、うまい。野菜の甘味と豚肉のコクがたまらないな。寒かったからなおさらいい。体の芯から温まるね。

続けてアジフライ。肉厚で食べ応えがある。かけるべきはソースか醤油かという問題があるが、今日はソースの気分だな。そして定食

アジフライを食べるとき、かけるべきはソースか醤油かでいつも悩むが、ソースでいただきました

屋で一番大事なご飯はとてもおいしい。この店はテーブルの上に、ゴマ塩とのりたまがあるのがうれしい。のりたまを少しかけてふりかけご飯も楽しむ。さらにアジフライの下に少しだけキャベツが敷かれていて、ちょっとだけ野菜も摂取できたよ。かくして食べ終わり大満足。お茶をもう一杯いただき、会計をして店を後にする。ああ、元気になったぞ。それでは『多慶屋』に行こうと傘をさして歩き始めたのであった。（2021年1月）

半蔵門線

「神保町」の記憶違いのお詫びと訂正

半蔵門線は私に取ってとても大事な地下鉄だ。何といっても、古本の聖地、神保町に行くための路線だったからだ。

私、1986年の上京以来、神保町へはずっと「地下鉄」で通っていたと思ったが、本文を書く上で調べ直して自分の記憶の間違いに気がついて愕然とした。営団半蔵門線は1978年に渋谷〜青山一丁目が開通し、東急新玉川線経由東急田園都市線まで直通運転を開始、79年に永田町まで、82年に半蔵門まで延長、その後三越前まで延長したのは89年だった。もちろん、神保町駅自体は1986年以前の1972年から都営線の駅として存在していたが、横浜に住んでいた私が都営線の駅を使うわけもない。再度思い出すと、私は国鉄（当時）の水道橋駅から歩いて、神保町を訪ねていた。その後１９８９年からは地下鉄を多用するようなったのだ。なんということだ。記憶は後から上書きされていたのだ。

ということで、ここで拙著『定食バンザイ』（ちくま文庫）のお詫びをせねばならない。本書には、「営団地下鉄半蔵線の神保町駅から、靖国通りと白山通りの交差点のところで地上にあがり、岩波ブックサービスセンター（当時。現岩波ブックセンター）から九段下の方角に古本屋がズラリと並んでいるのを見た時は、本当に背筋がゾクゾクした。世の中に、こんなに古本屋が密集しているところがあるのかと、落涙せんばかりに感動したものだった」。とあるが、これは誤り。ゾクゾクしたのは間違いないが、１９８６年当時は「水道橋から歩いてきて、ゾクゾクした」のと、１９８９年以降は「営団地下鉄の神保町駅から登ってゾクゾクした」のだ。本当に申し訳ない。記憶に頼って書いているととんでもない間違いをしてしまう。「記憶は嘘をつく」ことを自戒して今後文章を書いていきます。

さて、話を戻して、その後半蔵門線は１９９０年に水天宮まで延長した。私は１９９１年に大学を卒業して、社会に出たが、水天宮に時折用事ができたので、神保町より先へも電車に乗るようになった。その後２００３年に押上まで延長し、東武線に乗り入れるようになった。特にここ10年ほどはやたらと錦糸町で用事が増えたので、半蔵門線乗りっぱなしで錦糸町まで達することが増えた。さらに、そのまま乗っていると不思議なことに（まあ別に不思議じゃないけど）、押上を経由して北千住に着くことができる。なんだかワープしているような感覚だ。このあたりの意外な路線から意外なところに行けるのが東京メトロの妙技ですね。
ということで、半蔵門線はかなり多用している路線です。

半蔵門線・水天宮

三原堂

季節の移り変わりも感じられる風情ある街のクセになるどら焼き

路線と駅名は違うけれど、実は別の路線の駅がとても近いことがある。日比谷線の「人形町駅」と半蔵門線の「水天宮駅」がまさにそう。2018年3月からは正式に乗換駅となったため、私はかなり頻繁に乗り換えることになった。一度地上に出て歩かないといけないが、この人形町～水天宮はとても風情があるので、歩くだけでとても楽しい。季節の移り変わりも結構感じれる。さらに、前述の『初

ふんわりとした皮で優しい味のつぶ餡を包み込んだどら焼き

音』や『小春軒』など名店も多いし、さらにスイーツの買い物天国でもある。ある方から、『三原堂』の塩せんべいとどら焼きのセットをいただき、食べてびっくり！　塩せんべいは、実に奥行きのある塩味、どら焼きはつぶ餡のおいしさとふんわりとした皮のバランスが絶妙で、即ファンとなってしまった。

どら焼きは1つ237円と、そりゃスーパーで売っているどら焼きとは違う値段だが、ケーキを買うよりよほど安い（まあ、この比較もどうかと思うが）。何よりも買って帰ると、家族も喜ぶので、乗り換えの際にしばしば買うようになったのであった。いやあ、東京は本当においしいものがいっぱいありますね。

半蔵門・神保町　桂庵

甘辛のタレにマッチしたプリッとした鶏肉がご飯をどんどん消費させる

神保町に通ってもう35年になる。すごいなあ。この街の歴史が体に入っている感じもする。いくつもの店がなくなったが、最近ショックだったのは東西堂書店の閉店。アダルトの殿堂だったからね。とても寂しいと思いつつ、白山通りを歩いていると、『桂庵』の前に来た。今日は寒いので、ここで温かいおそばを食べて行こう。ここも昔から通っているが、最近はご無沙汰だったな。

入店するとまあまあの客の数。各テーブルに1人ずつくらい。手前の4人掛けの席が空いていたので座る。一応、相席もできるように、アクリルボードがテーブルの上に立っているな。さて、何を食べようかとメニューを見るが、やはり「日替わりサービス」にしよう。というか、この店ではほとんど日替わり以外食べたことがないな（笑）。今日は「鳥どん」のセットで820→770円。水を持ってきてくれたお姉さんに注文。そばは冷たいのも選べるが、そりゃ温かいのに。注文して、店内にあるテレビをぼんやり見て待つ。小池知事が会見しているな。昨日、緊急事宣

香ばしい鶏肉がたっぷりのった「鳥どん」とおそばのセット

言が出たからな。テレワークの協力とか言っているのを聞いていると、セット登場。実にいいですね。そばに七味をまぶしてさあ食べよう。

まずそばのおつゆを。キック力のある濃い甘めのおつゆ。温かくて腹にズドンと来るなあ。そばもズルズル。細麺でもちもちしたタイプ。具はたぬき（天かす）、ワカメ、ネギ、ナルトと実に美しい。食べ進めるたびにたぬきからコクが出ていい感じ。

続けて鳥どん。これは初めて食べるなあ。丼のご飯に海苔、そして甘辛いたタレでコーティングされた鶏肉がのっている。香ばしく、プリプリとした鶏肉でご飯が進む。タレも、ご飯も多めに入っているね。うまいわ～。この店は静かに黙々と食べている客が多くて実にいい。この雰囲気は昔からまったく変わらないなと思いつつ、再びそばに戻ってズルズル食べたのであった。

（2021年1月）

副都心線

東急東横線直通の効果は抜群！

前著『ニッポン定食散歩』では渋谷駅の変遷の話を結構書いた。本書が出たのは2017年11月で、2008年に開通し、2013年に東急東横線と相互直通運転を開始してからしばらく経ってからの刊行だった。当時はともかく渋谷駅でのJRとの乗り換えが不便で、「地獄」の底に転落したと表現した。本当にひどかった。その後整備され、2021年現在は、以前ほど不便さは感じなくなった。しかしだ。実は大きな行動の変化が生じた。なんと、東急東横線からJRに乗り換える機会が激減したのだ。というのも、副都心線が、渋谷〜池袋の間はかなり移動をカバーしてくれるからだ。明治神宮前駅はそもそも原宿駅だし、新宿三丁目駅はほぼ新宿、さすがに新大久保は遠いが、明治通りに近いところに用事があるのなら、東新宿駅で用事が足りる。さらに、西早稲田駅は高田馬場駅まで歩いても20分かからないし、両駅から等距離の場所に行くときは、東横線から乗りっぱなしで行ける西早稲田駅の方が便利、目白はそんなに用事がないし、池袋駅はJRと連絡しているしね。

ということで、冒頭で、最近東京メトロの利用率が上がったと書いたが、反面、JR、特に山手線に乗る頻度はすごく下がったなあ。最も、東京メトロが不得意な品川近辺に行くときに使うくらいだろうか。

また、副都心線が小竹向原駅から西武線に、和光市駅から東武鉄道に乗り入れをすることができるので、練馬、埼玉方面は本当に便利になりました。さらに、東横線に西武線の車両が乗り入れしてくるために、秩父や飯能の観光スポットや、西武の誇る001系、特急ラビューに乗りたいなあと思うようにもなりました。

副都心線・池袋

くら寿司

9種類のお寿司とダシがしっかり効いたミニラーメンのセット

一度食べてみたかったのが、『くら寿司』のランチ。500円と700円がある（いずれも本体）。700円のセットに付く「追いかつお醤油らーめん」を試してみたかったので、そちらを食べよう。

地下の店に入る。満席表示だったが、まもなく一人席が空いたので席に着く。わりと早いな。早速「にぎりランチのラーメン付き」をオーダー。粉茶を自分で作って飲みつつ待っていると、「ご到着の品が〜」のアナウンスのもと、ランチ到着。寿司とミニラーメン（ミニだったのね）。

まず、ラーメンの蓋を取る。チャーシュー、玉子、ネギ入り。うまそうだ。ここに鰹節を投入すると、フワフワと踊るわけだ。この店は小皿がないので、子ども用のお茶碗をもらってそれに醤油を入れて、まずはラーメンのスープから。これはダシのよく効いたしっかりした味わい。いいね。

続けて寿司。ネギトロ、いくら、カツオ、マグロ、玉子、エビ、イカ、みる貝、サーモンの全9種類。まず玉子を甘いタレで食べる。やさしい味。続けてマグロ→エビ→イカ（大

寿司は小ぶりなサイズなので、次来るときは追加で注文しよう！

葉が敷いてあって丁寧な造り）↓サーモン↓ネギトロ↓カツオと時計回りで食べる。おいしいけど、小さいのですぐ食べれちゃうな。

続けてラーメンを。麺は太麺でおいしいけど、やはり量が上品。もっと食べたいので追加で何かを取りたくなるが、53歳のおっさんとしては食べ過ぎなので止めておこう（笑）。まあ、いろいろと食べたい時はちょうどいいね。ラーメンのチャーシューも玉子もおいしい。そして何よりもスープがおいしいので全部飲んでしまう。

もう少し食べたくなるのが、店の作戦なのかも知れない（やはり追加すりゃ良かったよ）。そういう意味でも非常によくできたランチでした。

（2021年10月）

千代田線

小田急線と常磐線をつなぐ便利な地下鉄

町田に住んでいるが、頻度としてはJR横浜線を使うことの方が多いが、当然小田急も使用する。その代わり、ほぼ新宿まで行くことがなくなり、9割以上は代々木上原駅で地下鉄に乗り換えてしまう。何しろ、代々木上原駅の千代田線乗り換えは、ホームの反対側に行くだけなので、とても便利なのだ。さらに、千代田線は、そのまま北千住駅、綾瀬駅を経由して、JR常磐線に乗り入れし、松戸、柏、そして取手まで行くことが出来る。ここ10年ほど、その三駅には用事が増えたため、この千代田線使用度はぐんと上がりました。

そんな千代田線は、1969年に北千住〜大手町間が開業、71年に大手町〜霞ケ関と綾瀬〜北千住が開業し、常磐線我孫子駅まで相互直通運転、72年に霞ケ関〜代々木公園が開業となかなか小田急との直通は実現しなかった。先日、ディアゴスティーニから発売された『Gメン'75 DVDコレクション』を見ていると、千代田線が出てきたが行先が「代々木公園」だったのは、当時は終点だったからですね。その後、1978年になってようやく代々木公園〜代々木上原が開業し、全線が完成、小田急線との相互直通運転が実現したのだった。

千代田線・町屋

ときわ

煮魚、ご飯、味噌汁にポテトサラダも付いたこれぞまさに〝定食〟のお手本！

町屋駅に来た。この駅は地下を東京メトロ、地上を都電荒川線、そして高架を京成線が走っていて、実に楽しい駅だ。特に都電荒川線がフォトジェニックで、この駅に来るといつも荒川線の写真を何枚も撮ってしまう。

さて、今日は東尾久で用事があるので、駅あたりで食事をして行こう。

時間は16時10分。確か駅のそばに立ちそばがあったはずとふらふら探しているとなかなか見つからない。どうしようと思って、駅ビル（サンポップ）の地下に降りると、おお、定食の『ときわ』があるじゃないか！ 素晴らしい。16時30分から再開するようで、店の前におじいさんが一人待っている。オレも少し待とうかと時計を見たら、もう30分じゃん！

ということで、店が開いたので入店してカウンターの端に座る。

メニューは素晴らしくいろいろあるなあ。しかし、中でも「あじ煮付定食」がサービスで、570円だったので、これにしよう。目の前には、大型テレビがあり、東京の感染者が減少しているニュースを流している。ふと見ると、店内はかなり客が入っていて、同店が人気があるのがよくわかるな。あ、定食がきた。…素晴らしい。まさに〝ザ・定食〟。涙が出てきそうな完璧な定食だよ。ではいただこう。

まずは味噌汁。ワカメ、キャベツ、お揚げ、そして豆腐。キャベツの甘味が味噌汁に溶けていて、実においしい。

続けてアジ。やや固めに煮てあって、甘辛さと甘さの中間的な味付け。うんまいわあ。煮魚って、もっと頻繁に食べたいけれど、なかなか食べる機会がないからなあ。受け止めるご飯もやや固めの炊き加減でステキ。さらにさくら大根とともにポテトサラダも付いているよ。これが誠実なポテサラ。うまいうまいと食べ続ける。ボリュームもあるよ。

かくしてご飯、おかずなどを食べ終え、最後にデザートとして添えられていたオレンジを楽しんだのであった。ああ、最高だったたな!

（2021年10月）

普段なかなか食べる機会のない煮魚がリーズナブルに味わえるのはうれしい

千代田線・柏

七味家

サクサクジューシーな唐揚げを大根おろしと梅酢でさっぱりいただく

千代田線からの常磐線直通で柏に来た。時間はかかるが、乗り換えなしで来ることができるので、とても便利ですね。柏は街のにぎやかな感じが、私の住んでいる町田ととても似ているね。東口に出ると、そごう柏店の回転展望レストランが見えるが、今は閉店している。

さて、用事が終わって、15時。どうしようかと思って歩いていると、『旬味旬彩 七味家』という店でランチをやっていて、やたらと定食の種類がある。そして安い！「これは入らないと」と思って入店。4人席に座らせてもらう。何にしようかと思ったが、やはり王道の定食、唐揚げでいってみよう。550円。正確には「鶏唐揚げ5個梅おろし定食」。注文して出てきた水を飲みつつしばし待つ。店内は遅めのお昼を食べる人でそこそこ混んでいるなと思っていたら、定食登場。かなりいいじゃないか。興奮して水をひっくり返してしまう（笑）。店のお姉さんがすぐ来て、拭いてくれた。すみません。

ではまず味噌汁から。大根の細切り入りで、落ち着いた味わい。続

大きな唐揚げが5つで550円!　近所にぜひ欲しいコスパ優良店

けて唐揚げ。5個。たっぷりの大根おろしと梅のタレがかかっている。サクサクとした絶妙の揚げ具合の唐揚げを大根おろしと梅酢でさっぱりといただく。受け止めるご飯もおいしい。お代わりをしたくなるが、最近は食べ過ぎなので控えよう。唐揚げも量があるし。さらに、高菜の漬物と昆布の佃煮が付いているのもうれしいところ。

かくして、ご飯を食べ終わり、唐揚げも食べ、最後に生野菜を食べて完食。ああ、満足。この店が近所なら毎日来たいなと思ったのであった。

（2021年6月）

丸ノ内線

赤いカワイイ電車は、私にとっては「007」電車

丸の内線と言えば、やはり「007は二度死ぬ」。1967年公開で、丹波哲郎演じる日本の公安のトップ・タイガー田中の移動手段として、丸ノ内線が登場するのだ。なんと、社内がタイガー田中のオフィスになっていて、ちょっと驚きましたね。この映画は当時の日本がかなり出てくるので、おススメです。そうそう、この映画のボンドガールの浜美枝さんのラジオ番組にゲストで呼んでいただいたことがあって、結構うれしかったな。

で、この丸ノ内線は、東京では銀座線に次いで2番目に開業した地下鉄で、1954年に池袋～御茶ノ水間で開業、56年に御茶ノ水～淡路町、同年に淡路町～東京、57年に東京～西銀座（銀座）、58年に西銀座～霞ヶ関、59年に霞ヶ関～新宿と少しずつ開業し、荻窪までと中野坂上～方南町までの分岐線の全てが開通したのは62年のことだった。

日比谷線の利用率の高い私は、霞ヶ関で乗り換えることが多い。四谷に行くときもJRよりも丸ノ内線が多いなあ。また、一時期茗荷谷に用事が多くて、しばし利用していた。洋食の『バンビ』にもよく行ったなあ。ちなみに、茗荷谷はお茶の水女子大学、跡見学園、筑波大学附属中高、東京学芸大学附属竹早中学、拓殖大学、貞静学園など数多の学校があり、学生が大量に乗り降りする駅なのだった。

丸ノ内線・御茶ノ水

デリフランス

野菜と大きなチキンが爽やかな辛さで煮込まれた本格カレー

御茶ノ水で、時折、学事出版のFさんと打ち合わせをする。と言うのも、学事出版が御茶ノ水界隈にあるからですね。その際利用するのは明治大学のリバティタワーの斜め前にある紫紺館の5階レストラン「フォレスタ椿山荘」がわりと多い。ここ、椿山荘グレードのサービスで、ランチもゆっくり食べられ、コーヒーもお代わりできるんですね。打ち合わせなので、やはりドリンク付きがいいわけです。ということで、今回も御茶ノ水駅でFさんと待ち合わせしたが、どうやらその日は紫紺館のランチがやっていないようだった。残念。どうしようということになり、「それなら『デリフランス』はどうでしょう?」と提案する。ここはパン屋さんの2階のレストランで、ドリンクバーもあるし、何しろここのチキンカレーはおいしいのだった。「ではそこ行きましょう」とFさんも同意してくれたので、2人で店に向かう。同店は駿河台下に向かう道の途中にある。

かくして入店。わりと混んでいるが、4人席にすぐ座れる。店内がわりと広いので待つことが少ないのも、この店の長所ですね。私はチキンカレー+ドリンクバー、サラダ付き

本格的なカレー料理店にも劣らない
クオリティのチキンカレー

で税込み900円。ステキな値段だが、またしてもFさんが出してくれた。すみません。Fさんも同様にチキンカレーにするそうだ。カレーが来るまで、アイスコーヒーなどを飲みつつ、打ち合わせをする。そうこうしているとカレー登場。コールスローも付いていて、栄養のバランスもいいよね。

カレーは爽やかな辛さで、具はニンジンやジャガイモなどの野菜と大きなチキンが柔らかく煮込まれていて、素晴らしい味わい。そんなに辛すぎないところもいい。ボリュームもあるしね。近隣にはカレーの名店が多いけれど、ここのカレーは決して負けていないと思う。「いや、おいしいですね」とFさんも気に入ったようで良かったと思いつつ、オレンジジュースを飲んだのであった。

（2021年4月）

丸ノ内線・中野坂上 青山一品

ふわっとした玉子の香ばしさと海老のプリプリさがハイレベルに融合！


　中野坂上で用事が終わった。大江戸線とクロスすることもあり、結構乗り降りする人の多い駅だ。13時50分。イイ時間ですね。宝泉寺のあたりを歩いていると、青梅街道沿いに『青山一品』という中華料理店があった。どうやらチェーンのようだ。ランチをやっていて、850円ラインがかなり充実。これはいいと入店。お昼のコアタイムを過ぎているせいか、店内は空いていて、入り口近くの6人掛けにゆったりと座らせてもらう。

　どれを食べるかとても悩むが、「海老と玉子炒め」にしよう。850円。セルフのコップ（冷たいお茶のポットはテーブルの上にあった）とおしぼりを持ってきたお兄さんに注文。お手洗いに行って帰ってくると、もう来たよ（笑）。おお、これは豪華。麻婆豆腐まで付いているよ。

　ではまずスープから。玉子、キクラゲ、トマトのさっぱりした味のスープ。トマトの酸味が爽やかな感じ。続けてメイン。玉子、海老、ニラとニンジンも入り、安定のおいしさ。玉子の香ばしさ、海老のプリプリ、ニラの歯ごたえなどでおかず力爆発。うまいわ〜。…

ふと、店内の掲示を見ていると、日替わりがチンジャオロースで、750円と安い。道理で、店内でそれ食べている人が多いと思った。今度は日替わりを食べようかな(笑)。まあ、でもこの海老と玉子炒めもおいしいかららいいんだけどね。…そんなことを考えつつ食べ進む。

漬物はキュウリのピリ辛漬けで、これも市販品じゃなくていいですね。麻婆豆腐は少し辛めで挽き肉もたっぷり。これもおかず力あるあ。…やはり、ご飯がなくなったよ。おかずもいっぱいあるのでどうしようかと2秒ほど迷うが、やはり半ライスもらう(お代わりはサービス)。ああうまいよ。

かくして、定食を食べ終え、最後に杏仁豆腐のデザート。ここで再度席を立つ。なんと、同店、食後のコーヒーのサービスもあるのだ。さきほどお手洗いに行った時にセルフのコーヒーコーナーがあるのを見つけた。ただし、温かいのはなくなっていたので、冷たいのをもらってきて、杏仁豆腐を食べつつ、食後をくつろいだのであった。

(2021年9月)

メインの海老と玉子炒め＋麻婆豆腐、スープ、漬物、デザートが並んだ豪華ランチ

有楽町線

日に日に進化を遂げる「海」へ向かう地下鉄

ここ最近の変化としては、勝どき、門前仲町、そして豊洲など、東京でも湾岸地域に行くことが増えたことだ。そのため、日比谷線を日比谷駅で有楽町線に乗り換えることが多々ある。一度改札を出て連絡通路を歩かねばならないが、あの通路は狭いうえに急いでいる人も多いため、他の乗り換え場所に比べると殺伐とした雰囲気が漂っている。左側通行を厳守しないとラッシュ時は危ない。一度、夕方に肩がぶつかったとかで、ひどく絡まれたことがあって、しばらく日比谷駅で乗り換えるのをやめたことがある。東京の生活も長いので、人の流れや、なんとなく決まっているその場所のルールに従うことができるけれど、まれにトラブルに見舞われてしまうこともある。まあ仕方がないのでさっさと謝って移動するのが賢明ですね。

さて、有楽町線の開業は1974年で最初は池袋～銀座一丁目だった。その後1980年に銀座一丁目～新富町、83年に営団成増（現在の地下鉄成増）～池袋と続々と開業して行き、88年に和光市～新木場間の全線が開業した。ちなみに、有楽町線は、東武東上線と西武線と乗り入れをしている。さらに前述の副都心線とも小竹向原駅を共有しているので、私、小竹向原駅で乗り換えることもしばしばなのだった。

有楽町線・豊洲

なか卵

かき揚げ丼とツルツルうどんがセットになったワンコインランチ

豊洲に来た。ここ数年の間に、しょっちゅう来るようになった街だね。さて、15時過ぎだが、遅いお昼を食べよう。東京メトロの6b出入り口を上がってきたところに『箱根そば』があり、以前はよく食事を取ったが、最近は近くの『なか卵』に行くことが多くなった。同様にチェーン店だが、『なか卵』はうどんがおいしいですね。ということで、入店。17時までランチをやっているのがエライ。そして値段も500円からと安くてさらにエライ。

ということで500円の中から「(小)特製かきあげ丼と冷(並)はいからうどん」にしよう。店内の券売機で買う。さらにクーポンがあ

この後、かき揚げはうどんへ移動し、ご飯は「こだわり卵」をかけていただきました

ったので、「こだわり卵」ももらおう。かくして店の壁際のまん中あたりに座り、水を持ってきたお姉さんに渡す。お手洗いに行って帰ってくると、もう登場していた。早くてステキ。さあ、どう食べるか。悩んだ挙句に、かき揚げをうどんに移動し、卵に醤油を入れてかき混ぜて、ご飯にかけて玉子かけご飯にする。うどんには袋入りの生姜を入れて準備完了。

まずうどんを。コシがあり、ツルリと食べられて実にいい。かき揚げはサクサク。干し海老、タマネギ、ニンジン、カボチャ、サツマイモで構成されていて、特にサツマイモとカボチャの甘みがいい。続けてご飯。『なか卵』の卵は「こだわり卵」で味が濃いので、玉子かけご飯がものすごくおいしい。かき揚げのタレもご飯にしみているからなおさらおいしいのだと実感したのだった。「こだわり卵」は80円だから、今度はクーポンなくても80円出してやろうと思いつつ、うどんをズズと食べたのであつた。（２０２１年５月）

東西線

千葉と中央線を結ぶ便利な地下鉄

東西線と言えば、私にとっては早稲田駅降りて地上に出てすぐある『キッチンオトボケ』。「東京メトロ24時間券」を使うと自由に途中駅で降りられるので、とてもシアワセ。特に東西線は、都内だけではなく、浦安や西船橋など千葉に行けるのもポイントが高く、東西線を西船橋で乗り換えて、JR総武線で津田沼、武蔵野線で海浜幕張などに行くことも増えたな。
さて、東西線は1964年に高田馬場~九段下間で開業。66年に中野~高田馬場、そして69年には、西船橋駅まで達し、全線開業した。中野からは中央線に乗り入れをして三鷹まで行くことができる。また、西船橋からは東葉高速鉄道に乗り入れをしている（ほぼ用事がないので、東葉高速鉄道は乗ったことがない）。また、平日の朝夕だけ、津田沼駅まで直通運転がある（かつてはもっとあったな）。

東西線・西葛西

まんぷく食堂

店名に偽りなし！
甘辛いタレで焼かれた鶏肉にご飯が止まらない！

西葛西に泊まることになった。翌朝浦安でイベントがあるので前泊することにしたのだ。20時くらいに西葛西に到着。それでは食事をすることに。駅前をふらふらと歩くが、結構良さげな店が

ご飯はセルフで好きなだけいただくことができます

多いな。なかでも目を引いたのが『まんぷく食堂』！　素晴らしい店名ですね。これだ、これだと思いつつ、入店。土曜の夜だったせいか、店内はほぼ満員。かろうじて相席で空いていたテーブルに向かい、先客のヤングサラリーマンに一礼して座る。

メニューを見るといろいろあって迷ってしまう。だが、「網焼やきとり定食」６９９円（本体）が素晴らしい感じがしたので、これにしよう。この店は水、お茶、そしてご飯がセルフ。つまり、ご飯食べ放題！　実にエライ店ですね。店の人に注文して、お茶と水を汲んできて、双方飲みつつしばし待つ。かくして定食登場。おお、そうだご飯を取りに行くんだった。いく途中、陳列ケースの中に小皿が並んでいるのが目に入った。基本、私オプションはあまり付けないのだが、もはや立派なおっさんだし、泊まりで来ているのだからちょっとくらい贅沢してもいいかと冷奴１００円（本体）を取ることに（笑）。

かくして席に戻りまずは味噌汁。お揚げとワカメの具で、これはなかなかおいしい。濃さもちょうどいいし、熱々だしね。続けてメインの肉。「やきとり」とあるが、串に刺したものではなく、胸肉を焼いたもの。甘辛いタレが食欲をそそり、これはたまらないとご飯をもりもり食べる。うまいわー。お代わりできるので気兼ねなく食べ進む。白菜のお新香もご飯の食べ進めをいい具合にサポートしてくれる。…あ、なくなった。2杯目は大盛りにしよう。

では冷奴に。ショウガとネギもたっぷりのっていて、素晴らしいご飯の伴奏者。最高の夕食だな。…しかし、食べ過ぎだな。52歳にもなってこんなに食べちゃいかんなと思いつつ、柔らかくジューシーな鶏肉は限りなく、ご飯を誘いおいしく食べ終えたのであった。さあ、満腹になったし、ホテルに帰って風呂入って寝るか。

（2019年6月）

東西線・浦安 ポポマラーラ

鶏のうまみの爆発！　シンプルなペペロンチーノにローストチキンをトッピング

最近の変化として、スパゲティが時折無性に食べたくなる。以前より白米至上主義の呪縛が解けたのか、加齢で食の傾向が変わったのかわからないけど、外食でスパゲティを時折食べます（だから、本書で「ナポリタン」をまとめているわけだけど）。ということで、浦安駅。ここも最近よく来るようになったな。この前、山本周五郎原作、川島雄三監督の『青べか物語』（1962年）を見たが、大半が海だった頃の浦安が舞台で、まさに隔世の感がした。昔の人がタイムスリップしたら、すごく驚くのではないかな。浦安駅の南側は海だったわけだからね。映画は、森繁久彌主演で、のんびりした海辺の風景のシーンもあり、見ていると気持ちもなごやかになる、見終わった後に非常に爽快感のある良い映画だったが、原作にあった、細い下帯を着けただけで裸の白い男女が働く石灰工場のシーンがなかったのがちょっと残念だったな。このシーンはなかなかすごいので、是非『青べか物語』を読んで下さい。

さて、話を戻してと。用事も済んだの

生パスタはもちもちした食感が最高でした

で食事をして行こう。駅前にある『ゆであげ生パスタのポポマラーラ』に行こう。入店したのは土曜日の15時だったが、まあまあの混み程度。窓際の席が空いたので座る。メニューを見て、「チキンとガーリックのペペロンチーノ」にする。ドリンクセットで７９０円（本体）。安いな。サイドメニューが1つ選べるのでミニサラダをチョイス。ドリンクバーで野菜ジュースをもらってきて、しばし待つ。

　まず、サラダ、そしてスパゲティが登場。ペペロンチーノって、日本のそばで言うと「もり」みたいにシンプルさが特徴だけど、このペペロンチーノはチキンがたっぷりとのっていていいね。フォークにくるくると巻き付けて食べると、もちもちした麺（さすが生パスタ）はうまいなあ。ローストしたチキンもいい感じだ。サラダもブロッコリー、コーン、レタスとバランスの取れた内容。うまいうまいとペロリと平らげる。

　そして食後。私、スパゲティ食べた後は特にデザートが食べたくなるので、バニラアイスも追加して食べちゃおう。１５０円（本体）。そしてドリンクバーに行って、カプチーノをもらってきて、バニラアイスを食べつつくつろいだのであった。あああ、すごく幸せ。

（２０２０年2月）

南北線

相模鉄道の乗り入れも決まり、またしても大きく変化か？

　東急東横線と乗り入れをしているのが南北線と都営三田線。なので、日吉駅から（まで）乗りっぱなしで使えるので個人的にはうれしい。結構南北線の沿線は用事が多く、始発の目黒駅と終点の赤羽岩淵駅は頻々と降りる。都営線とは異なり、品川方面に弱いのが東京メトロだが、南北線の白金高輪駅が近いか。ちなみに品川延伸の計画もあるらしく、もし実現すれば、今以上に東京メトロ依存度は高まるな（笑）。また、２０２２年度には相模鉄道が新横浜を経由して、日吉駅まで乗り入れをしてくるので、さらに便利になる。

　ちなみに、南北線は駒込〜赤羽岩淵間が１９９１年に開業。96年に駒込〜四谷、97年に四谷〜溜池山王、２０００年に目黒〜溜池山王間が開通し、全線開通した。赤羽岩淵から先は埼玉高速鉄道だが、これまた用事がないので乗ったことはないなあ。東葉高速鉄道もそうだけれど、未乗区間があるのは、「いつか乗ってみよう」という気持ちになっていいですね（笑）。

南北線・赤羽岩淵

赤羽屋

「まめ」とはいいつつボリューミーなそばを堪能できるハイレベルな老舗蕎麦屋

南北線の終点、赤羽岩淵駅に来た。ただし、終点とは言え、ここから埼玉高速鉄道なので、終点感はあまりない。さて、今日は東洋大学の赤羽台キャンパスに用事があるのだ。12時前だし、この後いろいろと立て込んでいるので、食事をしていきたい。以前入ったことのある『八幡蕎麦 赤羽屋』に行こう。

かくして入店するとさすがに混んでいたが、大テーブルの相席は空いていたので、そこに座る。さて、何にしようか。「豆たぬきセット」800円が気になったのでこれに。そばが付いていて、冷たいのも選べるそうなので、そうしてもらう。出てきた水を飲みつつ待っていると、わりと素早く登場。いいじゃないか！　おかずが玉子焼きというのがステキ。このセットは汁がないので、まずは水を飲み、サラダから食べる。トマト、パプリカ、レタス、かいわれなど。野菜がたっぷりと取れていいですね。

続けてご飯を食べよう。玉子焼きに添えられた大根おろしに醤油を垂らして、それを玉子焼きにのっけて食べる。甘い玉子焼きと大根お

ろしのしょっぱさがとてもいいおかずに。それと沢庵も2枚あるので、ご飯を食べきる。ご飯もおいしいな。

その後、ごぼうサラダを食べ、フィナーレはそばで。添えられていたネギとワサビを入れる。すでにたぬき（揚げ玉）、刻み紅ショウガ、キュウリの千切りが入っていたので混ぜて、まずはそばをツルツル。細麺でのど越しがいいですね。あっさとした味わいのおつゆとの相性もいい。そして「豆」と言いつつ、結構な量があるのも素晴らしい。かくして食べ終わり、水を飲んで席を立つ。昼時の長っ尻はよくないからね。会計時にお店の方に「いやあ、久しぶりに来ました。相変わらずおいしかったです」と思わず話すと、「あら！」と満面の笑み。やはりここはいい店だなあと思いましたね。

（2021年10月）

南北線・麻布十番

豆源

糖掛けしたての南京糖や揚げたておかきが自慢の老舗豆菓子店

豆好きの私としては、首都圏地域に豆を仕入れるポイントがある。都内では、御徒町の『多慶屋』。ここではナッツや豆関係もかなり買う。そして落花生を集中的に買うのが、麻布十番の『豆源』。「東京メトロ24時間券」のおかげで途中下車が簡単にできるようになって実にうれしい。大体買うのは、白砂糖を落花生にまぶした「南京糖」。紙袋入りのお得用はここでしか買えない。しかも324円と安い。もう一種類、黒砂糖をまぶした「出世豆」も同じ値段で、これもおいしいけど「南京糖」よりもほんの少し少ないので、ケチな私

時代を超えて愛されているのもうなずけるおいしさです

は「南京糖」を買ってしまうのであった。

店の方もとても気持ちがよくて、やはり老舗というのはこうやって続いていくんだなとつくづく実感する。いつまでもいつまでも豆源は存在していて欲しいと願い続ける私であった。あ、揚げおかきもめちゃくちゃおいしいです。

銀座線

「東京の歴史」とともにある地下鉄

最後は、東京メトロ最古参の銀座線。なんと１９２７年に浅草〜上野間で開業、その後39年に渋谷まで開通した。丸ノ内線同様に、他の路線と乗り入れをしていないので、寝過して、先の方まで行ってしまう危険がない。さらに、古いためか、地上から近く、最近の地下鉄のように、地底の奥底に行かなくて済むのもいいですね。銀座線は東京の歴史と共にある地下鉄なので、その分、小説や映画にもしばし登場する。小説だと浅田次郎『地下鉄（メトロ）に乗って』か。篠原哲雄監督で、２００６年に映画にもなって、作品中に戦時中の銀座線が出てきます。同様にまさに銀座線開業が登場するのが荒俣宏『帝都物語』ですね。１９８８年の映画の監督は実相寺昭雄！　出てくる俳優も豪華で、ちなみに地下鉄の父と呼ばれている「早川徳次」を宍戸錠が演じていた。かつて横浜の天王町にあった

「ライオン座」で見て衝撃を受けたなあ（再視聴したいが、なぜかDVDがものすごく高い）。そして何と言っても、『異人たちとの夏』（1988年）。山田太一原作で、映画は大林宣彦監督。主人公のシナリオライターを演じる風間杜夫がふとしたきっかけで、銀座線で浅草に出かけ、亡くなったはずの両親と再開する話。亡くなった母親を秋吉久美子、父親を片岡鶴太郎が演じ、物語全体に失われたものに対する愛おしさ、切なさが溢れている。最後に、両親が浅草の今半で去っていくシーンがもうたまりません。夏になるといつも見直す映画だ。…と書いてくると、銀座線て、あの世とか異界と随分相性がいいのかもしれない。他のメトロと比べても「あの世の人」が乗っている気がしなくもない。2020年に亡くなった坪内祐三さん（直接知っている方なので「さん」をつけます）も銀座線が好きだった。私は、銀座線に乗るたびに今でも坪内さんが乗っている気がするのだった。

銀座線・銀座

素敵庵

素晴らしい「記憶」として私の中に残っている鉄板ハンバーグ

ここ数年、1月3日は家族で大手町に行くのが恒例行事だった。ご存知の通り、箱根駅伝のゴール地点なわけだが、上の子どもが大学の応援団に所属していた為、駅伝の応援と

ともに、子どもの応援もする目的で出かけたのであった。そしてその後は家族で大体銀座まで歩いて行って、決まった場所で食事をするのが流れだった。正月の銀座は、ちょっとのんびりした雰囲気でなかなかいい。

　さて、その店は西銀座の『素敵庵』というステーキと牛肉の店。今回（2020年）も14時前に到着し、少し待って入店。少し迷ったが、家族3人とも「鉄板ハンバーグ」に。税込み1180円。サラダのドレッシングはゴマ（他は和風・サウザン）、そしてライス、食後のデザートも付くので、私はバナナプリンにした（他はブルーベリーシャーベットかコーヒー）。店内奥の美しいお手洗いに行って帰ってくると、サラダとスープが到着していた。そして店のお兄さんがやってきて、「間もなく、ハンバーグが到着するので、ナプキンを半分テーブルに敷いて準備をお願いします」と。言われた通りに準備をすると激しく音を立てつつ、ハンバーグがやってきた！　鉄板の上でハンバーグが激しく焼けているのでナプキンで防御するわけだ。バチバチする音が収まったところでさあ食べよう。

　まずはポタージュスープから。パセリとクルトンがたっぷり！　濃厚な味わいで実においしい。お次はサラダ。胡麻ドレッシングの他にかつおぶしもかかっていて、和風の味でナイス。和風と言えば、この店は料理を箸で食べるのだ。

　続けてハンバーグ。付け合わせも素晴らしく、コーン、ブロッコリー、ニンジンのグラッセ、ポテトフライ、ほうれん草という豊かさ。ご飯もやってきたので、ハンバーグをおかずに食べる。ハンバーグは柔らかく素晴らしい味わい。口の中に肉汁がジュワッと広がり、旨みがあふれでてくる。そして受け止めるご飯もおいしい。さらにこの店、ご飯のお代りもできるのだ。ということで半ライスをもらい、食べ終わると満腹に。そして食後は濃厚な甘さのバナナプリンを別腹で食べて大満足なのだった。

…と、このような流れを子どもの大学最終学年の２０２１年にも行う予定だったが、コロナのせいで応援自体がなくなり、さらにこの『素敵庵』も閉店してしまい、すべては「まぼろし」となってしまった。

でも、前向きに考えれば、素晴らしい「記憶」として私の中に残っているのだから、それはそれでいいのかも知れませんね。

（２０２０年１月）

肉々しいハンバーグは毎年の楽しみでしたが、残念ながら2020年8月に閉店してしまった

第5章

作家と食

作家と食

ただ食べるのではなく、背景を知って食べるとさらにおいしさがパワーアップするものだ。特に長い歴史を誇る店は、文豪、画家、漫画家などが足しげく通った、愛した店だったり、作品にも登場していたりする。そんなことを想起しつつ、ここでは6つほど紹介。以前、『定食と文学』（本の雑誌社）という本を書いたが、今回は定食はなく、結構幅広く取り揃えてみました。

東京・上野

蓮玉庵

森鷗外や久保田万太郎が贔屓にしていた江戸前そばの名店

以前、『定食と文学』で森鷗外の『雁』のことを書いた時、上野にある蕎麦屋の『蓮玉庵』が登場していた。以来、いつか一度訪れてみたかった。

『蓮玉庵』は江戸時代後期の創業の歴史ある名店です。また、この店は池田彌三郎『私の食物誌』などにも登場している。池

田先生はよく行かれたそうで、本書によると「ある時代、友人と二人で大晦日の夜を飲み歩いていた時分、必ず上野に出かけて寛永寺の除夜の鐘を聞き、しのばずの池のほとりにおりて、池を回って蓮玉庵に着き、年越しのおそばを食べた。その間じゅう、鐘が聞えていた。」と書かれている。その友人は、池田先生が出征中、胸を病んで亡くなったそうなので、これは戦前の話なのだろう（当時は今とは少し別の場所にあったそう）。また久保田万太郎も『蓮玉庵』を贔屓にしていたそうだ。

ということで、小雨の降る日曜日の昼下がり、せっかく仲御徒町まで来たので、この機会に『蓮玉庵』に行こう。いつもの『多慶屋』での買い物は後でいいや（笑）。

かくして上野広小路まで歩いて行くと店は開いていましたよ。良かった。実は今コロナの影響もあって、14時までしか営業していないらしい（2021年6月時点）。歴史を感じさせる外観にまずは心奪われてしまいます。では、いざ入店。

結構空いているな。入口近くに座り、メニューを見る。ここはやはり基本の「せいろ」でしょう。700円。ちなみに、久保田先生は、『蓮玉庵』近くの湯島天神町に、鎌倉から1955年に引っ越して来て、俳句門下の安住敦と連れ立って、この店に来たそうだ。で、その際久保田先生は朝飯だったので「もり」、弟子の安住さんは昼飯だったので、「天ぷらそば」だったそう（『東京人』1991年11月号・山本容朗「江戸前そばの名店巡礼の旅」より）。弟子と先生が逆転しているのがナイスです。

…なので、私は久保田先生にちなんで「せいろ」です（笑）。店の人に注文してしばし待つ。店内は外観のイメージとはまるで違い、極めて普通でモダンな感じ。値段も、老舗ということでちょっと心配だったけどそんなに高くないし、いいなと思っていると、せいろそば、つゆ、薬味（ネギ、ワサビ）が登場。続けてデカい薬缶に入った蕎麦湯もきたよ。では食べよう。

まず薬味を入れないで、つゆに浸してそばをツルツル。かなりコシが強い。ゴシゴシ食べる感じ。おつゆも辛さが勝っている、実に力強いタイプ。これは江戸前の味だろう。では薬味を投入して食べ続ける。うめえ。量的には小腹にいい程度。散歩の途中で食べる軽

食という感じですかね。

かくして食べ終え、麺つゆに蕎麦湯を入れて飲む。あーー。うまい。蕎麦湯を足し足し飲んでいると、味は薄くなるが、蕎麦湯本来のコクが前面に出てくる（当たり前）。

そして最後は蕎麦湯だけになるが、これがまたうまい。この蕎麦湯のおいしさが理解できたのは40代以降だ。やはり味覚は年と共に変化するものだと思いつつ、蕎麦湯を飲み干したのであった。

（2021年6月）


コシが強いそばとちょっぴり辛めのつゆ。これぞまさに江戸前そば！

東京・日暮里

羽二重団子

正岡子規の作品にもたびたび登場する200年以上もの歴史を持つお団子

「上野」は長らく私にとって鬼門だった。おそらく前世で死んだのが上野のような気がするからだ。このことは、これまでにも何度も書いてきた。特に上野駅前のマルイのあたりから西郷さんの銅像のあたりがダメだった。しかし、ここ最近は間違いなく前世で死んだ年を超えた気がしてきたので、苦手意識が薄まってきた気がする。それに少し離れると全然大丈夫なんですね。だから御徒町も好きだし、上野動物園方面は大丈夫なのだ。

ということで、土曜の午後、所用があって、東京藝術大学のあたりにいた。そのまま歩いていると谷中に出たので、墓地を抜けて、日暮里駅に降りた。ああ、このあたりは起伏があるし、あまり歩いたことがない通りなのでちょっと楽しいな。時計を見ると17時少し前。今日は19時から西日暮里で別の用事があるので、このタイミングでちょっと腹ごしらえをしておきたい。そうだ！　ここはやはり正岡子規にちなんで『羽二重団子』で食べていくこととしよう。『仰臥漫録』（1918年刊行）などに登場しますね（店の創業はさらに古く、文政2年、1819年とのこと）。このことはとても有名なのだが、最近読んだ『東京名物食べある記』（教育評論社）にも記載があった。

読んだのは最近だが、この本自体は１９２９（昭和４）年に正和堂書房から出されたものを２０２０年に復刻したもの。これは１９２８～29年に『時事新報』に連載された記事をまとめたもので、食べ歩くのは、同社の家庭部同人と編集局、そして記者たちによるもの。関東大震災後の東京（横浜も登場）の外食の雰囲気を伝えるもので、言わば私の大先輩にあたる。

この中で、「日暮里、羽二重団子」という項目があり、紹介されているのだ。東京駅から省線に乗って食べにいくところから記述は始まっている。彼らが行ったときは「麗らかな陽ざしが大東京の上を明るく照らして、省線の窓をかすめる風も和やか」だったそうだ。その後、女学生の一団が下りる話もいいが、彼らは店に着くと、当時はずいぶん古い家で、「桃太郎の家へ飛び込んだような気がした」そうだ。

でも、さすがに今の本店はそんなことはなく、スタイリッシュでカッコいい建物だ。しかし、本店は閉まっていたので、駅前店に行くことに。結構にぎわっていたので、少し待って店内に。大テーブルと窓に向か

ったカウンターがあるが、カウンターの奥の方の席に案内された。時節柄1人ずつアクリルボードが立っていますね。

さて、何にしようかとメニューを見るが、ここはやはり「羽二重団子」でしょう。店名にもなっているくらいの看板メニューですからね。616円。お茶を持ってきてくれたお姉さんに注文すると、ものすごい速さで登場(笑)。これはステキだ。

まずはお茶を一口いただいて、焼き団子から。ホカホカ！　醤油の香ば

醤油の香ばしさとなめらかな餡の2種類を楽しめる、看板メニューの「羽二重団子」

しさと団子のもちもち感がたまりません。平べったい団子を4つ食べてお茶を再び飲んで一呼吸。

今度は餡に。なめらかあんこにのびのび団子。これは確かにきめ細かくうまいわ。前述の『東京名物食べある記』にも、餡は「上品な宜い味」、醤油の方も「宜い品を使っていると見えてこんがり焼けた風味が棄て難い」とあるから、およそ90年以上前から味は全く変わっていないのだろう。すごいね。

ところで、隣のおばさん（と言っても同年代）は「七味団子」というのを食べていて、これまた大人っぽくて美味しそうだったが、オレはやはりこのあんこだろうなと確信しつつ、3つ食べて、お茶をゆっくり飲む。ああ、なんていい時間なんだろう。この「いい時間」感を正岡子規も感じていたんだろうなと思いつつ、最後のあんこの団子を食べたのであった。

（2021年6月）

神奈川・横浜

崎陽軒

獅子文六も小説のモデルにした シウマイ弁当を一躍メジャーにした「シウマイ娘」

用事先で、「あ、ちょうど良かった。食べませんか?」と『崎陽軒』の「シウマイ弁当」をいただいた。これはメチャクチャうれしい。「いいの?」と聞くと、「ええ、大丈夫なんです」と。この日ちょうどイベントがあり、昼食として取り寄せていたらしい。お礼を言っていただいて帰る。シウマイ弁当って、自分で買うこともあるけど、結構、横浜方面の出先で出されることも多い。出てくると、これはいつもテンション上がりますね。1986年の上京以来、ずっと刷り込まれてきたからね。そして年齢を重ねるごとに感動が深まっていく気がする。

また上京後17年間は横浜に住んでいたことも大きい。我が敬愛する獅子文六先生の『やっさもっさ』にも、「シュウマイ・ガール」が登場する。これは実際に『崎陽軒』が1950年に横浜駅で仕掛けた「シウマイ娘」がモデルになっているのだ。ちなみに、本作は1952年に発表された。シウマイ弁当は1954年登場なので少し後だ。1953年には松竹大船により映画化までされたが、どうもDVDは未発売のようだ。私、横浜に

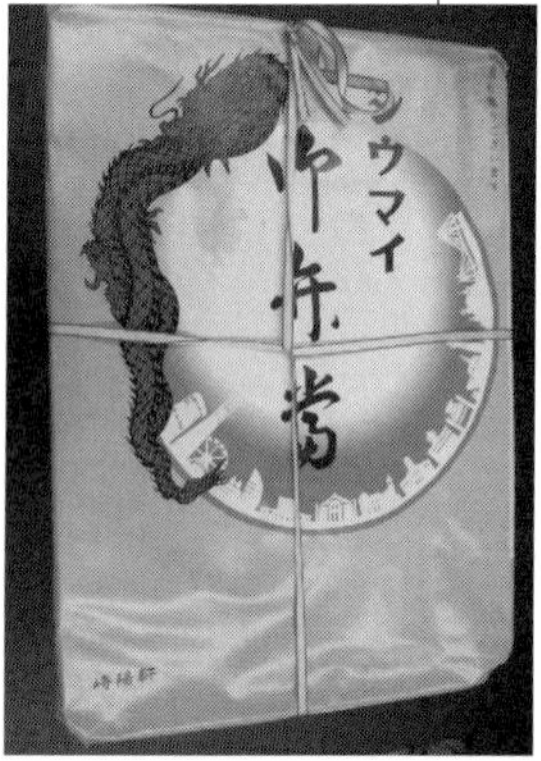

関連する映画はなるべく見るようにしているので、早く出ないかあ。ちなみに、私の横浜映画ベスト3は、梅宮辰夫主演の『夜の歌謡シリーズ　伊勢佐木町ブルース』（1968年）、園まり主演の『夢は夜ひらく』（1967年）、そして高倉健主演の『冬の華』（1978年）ですね。

…話を戻してと。かくして恵比寿のオフィスに戻っていただくことに。ちなみにこのシウマイ弁当、買うと860円。駅弁の中ではかなり優秀な値段ですね。テーブルに座って、お茶を淹れてきて、紐と包み紙を取り、蓋を開けてジャーンと言う感じ。いつ見ても美しいですね。

1954年に売り出され、約70年にわたって
日本人に愛されてきた定番駅弁

まず最初に醤油と辛子をシウマイにチョコチョコつけて準備完了。ご飯は俵型に八分割されているので食べやすいですね。では何から食べるか。たいてい私の場合は、まず筍の煮たものからいただく。これは甘くてコリコリとした食

感がたまりません。ああうまい。受け止めるご飯も硬めに炊かれていて、噛みしめるとおいしさがジワッと染み出てくるよう。このご飯のスゴイのは冷えていてもおいしいことだ。

続けて鮪の漬け焼。これは歯ごたえがあって噛みしめるおいしさ。味つけもしっかりしているのでおかずとしても重宝できる一品。

そして3番目にいよいよシウマイを一つ。お肉もギッシリとつまっていて、帆立貝柱のうまみも広がり、うめえよ。これが5個もあるので、途中途中で順番に食べよう。

お次は切り昆布&千切り生姜。これもおかずとして実に頼もしい存在。私は酒をあまり飲まないが、電車でこのシウマイ弁当をおつまみに酒を飲む人は、シウマイなどをつまみに、最後にこの切昆布と千切り生姜でご飯を食べるそうだ。そう考えるとまあこのシウマイ弁当は運用力が高い。

そして鶏の唐揚げ。これ一瞬だけエビフライに変わったことがあったんだよな、まあ唐揚げに戻ったけど。これも味がしっかりついている。

その後シウマイ2個、蒲鉾、玉子焼きと食べ、筍に戻り、ご飯が終わった。そこで残りのシウマイ2個を食べ、最後に小梅とあんず。私はこの2つをデザートと位置付けているので、小梅をかじり、あんずを一番最後に味わって食べ、ステキなシウマイ弁当の時間を終えたのであった。ああ満足。

（2021年6月）

神奈川・横浜

海員閣

横浜中華街路地裏の名店が誇る人気メニュー とろとろに柔らかい絶品牛バラ飯

雨の中華街。久々に『海員閣』に行ってみよう。『海員閣』は昭和11年創業の老舗中華料理店。長年多くの作家たちに愛されてきた店で、前述の獅子文六も大変気に入っていて、これまた前述の『やっさもっさ』にも「水師閣」という名で登場させるほどだった。

さて、同店は最近改装してきれいになったが、改装後に訪れるのは実は初めてだ。後で店のお姉さんに聞いたら、改装して3年目とのこと。

入店したのは14時少し前。1階の向かって右手カウンターの奥に座る。何にしようか。『やっさもっさ』の中では登場人物たちが「鮑のスープ」「車海老の煎物」などを注文しているが、それは1人で来て食べるものじゃないですね（笑）。ということで、私的中華街定

番メニューの「牛腩飯（牛バラはん）」だな。同店の看板メニューでもあるしね。豚バラでもいいけど、やはり牛バラの気分なので。1050円。

ほかにも「杏仁豆腐」400円もすごく魅力的だし、定番の「シューマイ」500円も心惹かれたが、今日はいいか。ちなみに『やっさもっさ』では「シュウマイはできないそうよ。お生憎さまね」と登場人物が話している。登場人物の一人がシュウマイ大好きという設定だったからだ。

注文して、しばらく待ったら到着。おお、相変わらずおいしそうだ。たっぷりの牛バラと青菜がご飯の上にドバッとかかっている。牛バラは角煮みたいなかなり大きめな塊がゴロゴロのってる。早速レンゲですくって食べる。八角（中華の香辛料）の香りと甘めの醤油味。そうそう、これですね。優しい味付けは変わらないなあ。

青菜は茎はシャキシャキ、葉っぱはあんかけと絡んでトロトロ、そして塊肉の牛バラはレンゲで切れるほど柔らかい。口の中に入れると、牛バラの繊維質がほどけ、旨みが全身をかけめぐる。ああシアワセ。……ともりもり食べる。ご飯もうまいよ。これが1050円は安いな。シやはりせっかく来たんだから、シューマイも食べた方がよかったかな…。まあでもそれは今度にしようと思いつつ、レンゲを動かし続けたのであった。

（2021年6月）

※…獅子文六のエッセイ「二人の中国料理人」に、『海員閣』の創業者である張汝琛氏が紹介されている。もう一人は『赤坂飯店』のチーフコックだった汪汝山氏。張氏は『聘珍樓』のチーフコックであり、戦後に独立した。

とろけるほどに柔らかく煮込まれた牛バラ肉と青菜との相性バッチリ！

東京・東長崎

松葉

手塚治虫、藤子不二雄、石ノ森章太郎…トキワ荘の漫画家たちに愛された直球ラーメンライス

うららかなゴールデンウイーク。江古田に行く用事ができた。天気もいいので目白から歩いてみようか。しかし歩き出すと、結構な距離がある（笑）。途中疲れたので、東長崎駅から西武池袋線に乗ろうかな、なんてことを考えつつ歩いていたら、トキワ荘通りに出ちゃったよ。ああ、ここがあの「漫画の聖地」か。ちょっと感慨深いな。

四国にいた時は、完全に空想の世界だったものが、上京すると、「リアルに」そこにあって、感動する。これは都会で生まれた人にはわからない、地方出身者のみに与えられた特権かもしれない。あの手塚治虫、藤子不二雄、石ノ森章太郎などが住んでいたところを訪ねることができるなんてなんとシアワセか。…そうだ、それなら、あの「ラーメンライス」を食べて行こう！　ええと店の名前は…、『松葉』だ！　思い出した。

で、どこだろう。と考えていると、ちょうど目の前に「豊島区トキワ荘通り お休み処」という休憩・案内所があり、そこで調べると、どうもこのすぐ近くのようだ。よしよしと出かける。

おお、ここか。店の風貌も素晴らしい。黄色地に赤文字が目立つテント張りに白い暖簾が目印。入店したのは13時前。そんなに混んではいなかった。ただ、私は1人客なので、カウンターに座り、とりあえずメニューを眺める。日替わり定食も食べたくなったが、ここは初志貫徹で、「トキワ荘ラーメンライス」でしょうね。700円。まあ、ラーメン500円+ライス200円ということだけど。お姉さんに注文して、水を飲みつつしばし待つ。しかし、この店、店内の雰囲気もとてもいい。昔ながらのレトロな趣で落ち着くなあ。豪速球で飛んできた直球の「町中華」だよ。

かくして、銀盆にのってラーメンライス、しずしずと登場。おお、これは素晴らしい、ド直球の〝ザ・ラーメンライス〟だよ。

ラーメンの具はワカメ、ネギ、メンマ、ゆで玉子、チャーシューと、シンプルなビジュアルのこれぞまさに東京ラーメンオーソドックス！

まずは天地返しをして、スープから。おお、熱いな！　ダシのよく効いたちょっと甘めの醤油のうまみが存分に味わえるスープ。うまいわ。胃にズドンとくるおいしさ。たまらない。

「豊島区トキワ荘通り　おやすみ処」

では麺も食べよう。ストレートの中細麺で、ズルズル食べる。これもどこか懐かしいおいしさだね。

さてご飯も食べよう。沢庵がたっぷり付いているのもうれしい。これが伴奏者として、やや硬めに炊かれたご飯を軽快にリズムよく食べられる。途中ラーメンスープを口に含み、ご飯のおかずとして食べる。ああ素晴らしい味わい。時折、メンマ、ワカメ、ネギを食べつつ、後半にゆで玉子、そして最後にチャーシューを食べて有終の美を飾る。チャーシューは肉厚で歯ごたえもあり、しっかりと味がしみ込んでて、肉としての頼もしさに満ちていたよ。いやあ、うまかった。

これがトキワ荘の藤子先生が食べ、「ラーメン大好き小池さん」が食べているラーメンのモデルになったものなのだ。そう思うと実に感慨深い。…ただ、定食もとても気になるので今度食べに来ようと思いつつ、席を立ったのであった。

（2018年4月）


トキワ荘の先生たちを虜にしたオーソドックスな“ザ・東京ラーメン”

千葉・我孫子

弥生軒

放浪の画家・山下清が働いていたことでも有名な立ちそば屋の唐揚げそば

7月上旬の暑い土曜日。夕方に茨城の取手に行く用事があった。常磐線の各駅停車に乗っていたので少し時間がかかるが、それもまた一興。そして、電車は我孫子駅に着いた。時計を見ると16時。昼ご飯を食べていないし、この後用事だ。そうだ！『弥生軒』で食べて行こう。この『弥生軒』は放浪の画家・山下清が戦時中・戦後に（1942〈昭和17〉年から約5年間）働いていたことでも有名な立ちそば屋です。

私が子どもの頃、日曜の夜にフジテレビ系列で山下清を芦屋雁之助が演じる『裸の大将放浪記』をずっとやっていた。わりと家族がみんな好きだったので、それを見続けていたおかげで、かなり「山下清」の名は私の中に刷り込まれている。テレビドラマは、山下清

が実は高名な画家だったという、水戸黄門的な内容で、見終わった後の爽快感がたまらなかった。私以上に父母が結構山下清のファンで、ノーベル書房から出ていた同名のハードカバー（全４巻）を欲しがっていた。後年古書で買い求め、母親に送り付けたことがあったな。

それと、本稿を執筆している最中、式場隆三郎編『山下清画集』が書庫整理の途中、ひょっこり出てきて、しばし眺めてしまった。実は借りていた書庫を、ストレージ（倉庫）会社の事情で２カ月で撤退せねばならなくなり、そんなことをしている場合ではなかったが、大体本の整理というのは、そんなことになるので時間がかかって仕方がないものなのだった。…それにしても、今回の書庫の整理でおそらく人生で最も本を処分したね。雑誌・本合わせて３～５千冊くらいを２カ月で処分したので相当つらいものがあったよ（泣）。

…さて話を戻さないと。１・２番線ホームにある６号店が空いていたのでそこに入ろう。ここに来るとやはり「唐揚げそば」だよな。これは「かけそば」２８０円に「唐揚」１６０円をトッピングする構造で４４０円。今は夏季限定で、「冷やしかけ　そばうどん」も２８０円でできるみたいなので、冷たいのにしよう。値段が同じなのがステキ。たいていのお店は冷やしだとちょっと高くなってしまうからね。

拙著『立ちそば　春夏秋冬』（竹書房文庫）でも同店を訪れ、やはり唐揚げそばを食べているが、あの時は冬だったので、温かいそばだったな。今回は冷たいのを食べられるわけで、まさに立ちそばは季節感あふれているのだった。

さて、入口から入って券売機で、「冷やしかけそば・うどん」と「単品　唐揚（1ケ）」を購入。カウンターでおばさんにチケットを渡す。「ワサビ付けますか?」「そばですか?」と聞かれたので「はい」「はい」と応える。かくして「唐揚げそば」登場。おお、これはめちゃくちゃおいしそうだ。給水機で水を

ジャンボサイズの唐揚げは単品でもオーダーできるので持ち帰るお客さんも多いのだそう

汲んで、窓に向かったカウンターの半ばに立ち、では食べるぞ。
　麺は太め。柔らかめ。さっぱりとしたおつゆととても馴染む。ああ、ツルツルと食べて快感。ワサビのツンとくる刺激とネギのシャキシャキ感も相乗効果で、清涼感を演出してます。
　唐揚げも齧ろう。分厚い衣には味がしっかりとついている。とにかくデカクて、ボリュームがある。唐揚げ齧りつつ、そばを食べ、水を飲む。なんとも幸せなルーティン。ああ、とても心弾む初夏の我孫子の夕方なのであった。

（2021年7月）

第6章

北海道から九州まで 全国定食紀行

全国定食紀行

全国と言いつつ、かなり偏っています（焼き飯の頻度も高いし）。申し訳ありません。でも、北海道、北陸、大阪、四国、九州と、一応全国にはなっているのでご了承ください。2018年、2019年は結構日本全国を移動していたけど、さすがに2020年は札幌に行ったくらいでした。ただ、コロナが落ち着いたら、以前にもまして全国に行くことになりそうな予感がするので、続刊をぜひお楽しみに。

北海道・札幌

クラーク亭

圧倒的ボリュームで北大生の胃袋を支えるアットホームなレストランの豪華なコンビネーションメニュー！

札幌に来た。仲間のTさんとSさんと食事をしようということになった。日曜の夜。さて、どこに行こうか。「『クラーク亭』に行きましょう！」との私の提案にみなさん0・

005秒くらいで頷き、北大そばの『クラーク亭』に（すみません、前作『ニッポン定食紀行』でも紹介していますが、まだまだ気になるメニューがたくさんありまして…）。なかなか混んでいるな。北大の学生さんらしき客がやはり多い。店内は相変わらずステキな雰囲気。カジュアルで心和むなあ。私、札幌に来ると大体来ているな（笑）。

さて、何を食べよう。今日なんだかは気分がいいし、Sさんもいるので（Tさんは酒飲めません）、サッポロクラシックの中を2人で注文。290円。安い。ビールはすぐやってくるので、Sさんと乾杯。あーーーうまい。普段はあまり飲まないけれども、札幌で飲むサッポロクラシックは格別ですね。ちびちび飲みつつ、何を食べようか考える。よし、今日は豪勢にコンビネーションで行ってみよう。「カットステーキと照り焼きチキン」だな。1030円。当然ご飯は大盛りで（サービス）。Tさんは「カットステーキ&エビフライ」1160円、Sさんは「ハンバーグ&カットステーキ」1080円にするそうだ。注文してビールを飲みつつしばし待つ。周りの学生たちはやはりチキンカツ（2枚）760円を食べている人が多いな（ちなみに前作で私が食べたメニューです。ボリューム満点過ぎるので空腹時にオススメです）。

かくしてメニュー到着。おお、これは素晴らしい豪華さ。食べる前から〝当たり〟を確信できます。

まずはスープから。玉子とベーコンのくっきりした味のコンソメスープ。ああうまい。続けてメイン。照り焼きチキン、カットステーキはタマネギとピーマンも入り、フライドポテトも添えられている。まずは食べやすく一口サイズにカットされたステーキから。やや歯ごたえがあるものの、味わい深いビーフ。うまい。噛むたびに元気が出てくる気がするなあ。タマネギとピーマンもシャキシャキで実においしい。お肉だけだと単調なところへいいアクセントにもなってくれています。

ではは続いてチキンへ。こちらは柔らかい。照り焼きソースの味つけがしっかりしていて、ご飯をもりもり食べられる。大盛りで頼んだご飯がみるみる減っていくよ。…しかし、ビール飲んだので酔っぱらってきたな（笑）。それでも食べ続け、ポテトも食べ完食。ああおいしかった。

ではデザートにいこう！　Sさんも Tさんも0・000005秒くらいで同意（笑）。お店の人を呼んで食後のアイスを注文。150円。まず、アイスの底のゼリーを選ぶ。私はイチゴに決めた。そして「アイスを2種類選んで」と店

「牛」と「鳥」、2種類のお肉を楽しめます

員さん。「?」と思い、「ソフトクリームが食べたいのですが」と伝えると、なんと機械が壊れたので、アイスになったそう。そうか。それなら、バニラとチョコをセレクト。かくして登場。下にイチゴゼリー。上にアイス。あー食後のアイスはうまい。…それにしても、話が終わらないのでドリンクバー180円を注文。「3時間制限です」と。そこまではないから大丈夫だな（笑）。と言いつつ、その後1時間しゃべり続けたのであった。

最後に会計時にオーナーさんに伺うと、この店は創業28年目とのこと。ということは1992年からか。この店は北12号店で、近くに北18号店もあったそうだ。そしてなんと、東京（荻窪）、神戸（六甲道）にも『クラーク亭』はあったそうだ！　知らなかった！

（2020年10月）

石川・金沢　8番らーめん

ちょこんとのった8の字のカマボコがステキな石川県民なら誰もが知っているソウルフード

金沢で用事があった。最近の地方での用事は結構一日がかりでまるで自由時間がないことも多く、最終日に金沢駅でようやくフリーとなった。

とりあえず、土産の「ビーバー」（おいしい「おかき」！）も、『みや川菓子舗』という店で、和菓子（金沢は和菓子がうまい）も買ったので、新幹線の時間までに何か食べて行こう。こんな時はやはり『8番らーめん』だな。便利なことに駅ビルに店があるよ。

店に入ったのが16時だったのでとても空いている。堂々とカウンターの真ん中に座る。やはり定番の「野菜ラーメン」を食べたいところだが、昼ご飯が遅かったのでそんなにお腹が空いていない。「小さな野菜ラーメン」という1／2麺があるので、これにライスと餃子のセットにする（「小さなAセット」）。小さいサイズにしているのにセットにしてしまうところに矛盾がある気がするけど（笑）。907円。スープが「味噌」「塩」「醤油」「とんこつ」「バター風味」から選べる。今日の気分は味噌だな。かくして注文して水を飲みつつしばし待つ。

ぼんやり店内のメニューを見ていると「ざるラーメン」648円もおいしそう。こっちでも良かったかな。でもやはり定番から攻めないとな。そんなことを考えていると、「小さなAセット」登場。これはなかなか豪華。ラーメンの真ん中にある8の字のカマボコがステキ（ハチカマ）。

ちなみに、『8番らーめん』は、1967年に加賀市国道8号線沿いに開店したため、そう名付けられたそうだ。翌1968年に「なると」の製造メーカーからオリジナルかまぼこの提案があり、このハチカマが誕生、1970年代後半に、合成着色料を止めて、今の形ができたそうだ。8の字の赤い部分は、野菜（パプリカ・トマト）から抽出した天然

石川県を代表するご当地グルメの一つ「8番らーめん」。
ラーメンの真ん中にのった「ハチカマ」がステキです

色素を使っているそうです（同社HPより）。

さて、話を戻してと。…麺半分でもしっかりとした量だ。まずは餃子の皿のタレ用の窪みに、餃子タレとラー油を入れてと。続けてラーメンを天地返しして、準備完了。

まずスープから。かなりコクのある味噌味。うまい。王道、ド真ん中の味噌ラーメンという感じ。麺は太麺でもちもちタイプ。味噌のスープとの相性もいい感じ。野菜はキャベツ、もやし、ニンジン、いずれもよく炒めてあってシャキシャキ。レベルが高いなあ。

では餃子に。皮が薄いタイプ。

具はたっぷりで、6個もあって幸せ。ああ、そうだ、ご飯も食べよう。ステキな炊き加減。実はここに来るまでにも別の場所でも食事をしたが、金沢は本当に米がうまいんだよね。白米至上主義者としては、言うことはありません。沢庵も付いているし、味噌ラーメンの野菜もスープもおかず力あるので、これは大正解のセットだった。かくして食べ進め、チャーシューを。薄いけど、柔らかくていいチャーシュー。そして一番最後に「ハチカマ」を食べて締めくくったのであった。ああ、食べ過ぎ。

（2019年5月）

大阪・天神橋筋

コーヒーハウス ビクター

日本一長い商店街にある
レトロな喫茶店のステキなヤキメシセット

年末に大阪に来た。以前は定期的に出張があり、年に2回くらいは訪れていたが、コロナ禍の影響もあり、近年それがなくなり、不定期になってしまった。

ということでかなり久しぶりの大阪。用事も立て込んでいるが、時間を融通して友人たちと会おうということになった。

やはり落ち合う場所は、大阪でも最も心落ち着く天神橋筋商店街だな。待ち合わせ場所は地下鉄扇町駅出てすぐのところにある『千鳥饅頭』の前にして、昼下がりにKさんとAさんに会う。ではどこかで話をしようということになり、天神橋筋を少し歩くと、ステキな喫茶店を発見。『コーヒーハウス ビクター』とシビれる名前（笑）。ここだな、と3人で入る。すると店内には客がもりもりといる。それもその筈、この店喫煙OKで、タバコ好きのご同輩たちのパラダイスとなっているのだった。まあ我々はそんなに気にしませんが。なんとか4人席が空き、着席。やや狭い感じがクラシックな喫茶店という感じでいい（私は2人分使わせてもらったが）。店内には大きなステンドグラスがあり、なんだかレトロでゴージャスな雰囲気。いいね。

さて、何にしようかな。Aさんはパフェ、Kさんはチーズケーキとコーヒー。私は昼ご飯を食べていないので、食事メニューにしよう。おお、「ヤキメシ」があるじゃないか。これのセットにしよう。750円。飲み物はコーヒーにして先に持ってきてもらう。注文して、話し込んでいると、コーヒー、後に福神漬とラッキョのお皿、そして「ヤキメシ」がやってきた。こりゃステキ。スプーンで食べるんだね。

具は、玉子、ピーマン、ハム、マッシュルームと、見た感じはまさに喫茶店のピラフっぽい陣容だが、食べるとホクホクした感じで、脂っぽくなく、実に「焼き飯」的優しさに満ちている。脂（油）のコーティング度が高まると、チャーハンになっていくが、これはまごうことなき「焼き飯」。玉子の香ばしさもいい。

さらに福神漬とラッキョも投入すると、味の輪郭が濃くなり、また違ったおいしさの世界に導いてくれる。全体的な量はそれほど多くはないが、あくまでも喫茶店の「軽食」なのでこれでいいのだ。喫茶店での食事は、あくまでコーヒーのおまけと考えるべきなので、あんまり割高とか、量が少ないとか言ってはいけません（もちろん、安くて量が多い店もありますがね）。ここはあくまでもコーヒーを飲みつつ、くつろいだり、人と歓談する場所なのです。

ということで、その後もKさん、Aさんとしばらくしゃべり続け、店を出た後は久々に天神橋筋の天牛書店など古書店巡りと、「お菓子のまるしげ」などで買い物をしたのだった。ああシアワセ。

（2019年12月）

チャーハンほど脂っぽくなくピラフっぽい雰囲気の「ヤキメシ」

愛媛・今治

錦海楼

「レバニラ」+「小海老天」主役を張れる料理が2つ揃ったお得な定食セット

四国・今治の実家には年に一回程度帰省する。昼間の用事の関係上、年末年始は結構難しいので、最近の帰省のタイミングは12月初旬。この時期は実にいいことがわかった。年末ほど飛行機のチケット代も高くはないし、初冬の四国はおだやかな感じでかなりのんびりできていいのだ。帰省は私にとって、結構いい骨休みになっている。高校の時からお気に入りの場所だった誰も来ないテトラポッドの岸壁があり、そこでぼうっと瀬戸内を眺めているのが実に幸せな感じ。私の住んでいる町田から一番近い海は、小田急で行く鵠沼海岸で、あのあたりも陽の光がさんさんと照っていて、穏やかな方だけれど、内海の瀬戸内海の穏やかさにはかないません。

さて、昼時。たまたま仕事がオフになった弟が食事に行こうとやって来た。どうするかね。実は今治は中華料理が充実しているので、今治港の近くにある『錦海楼』に行くことに。ここは定食メニューもいっぱいあって、しかも安くてボリュームもあるので地元の人にも人気のお店なんです。

店内に入ると12時30分と、お昼時だったこともあり、結構な混み具合。

やっぱり人気ですね。たまたま座敷が空いたので、そこに座ることに。

何にするか。弟は「チャーハンに唐揚げ2個」のセット、私は、定食Bに。これは「レバニラ+小海老天のセット」で850円。ちょうどレバニラを食べたかったんだよね。レバニラってたまに無性に食べたくなるよね。水を飲みつつ待とうと思ったら、なんとホットウーロン茶飲み放題なのでそれもいただいていると、定食登場。これは充実！レバニラ、小海老天ともにかなりのボリュームだよ。

まずはスープから。玉子、ニンジン、ネギが具。とろみスープでじわりとおいしい。かなり丁寧に作っているのが感じられるスープで、この後の料理が期待できる一品。


たまに無性に食べたくなる「レバニラ」。甘辛い味付けでご飯が進みます

ではレバニラ。レバーの火加減、もやしのシャキシャキ具合、ニラの歯ごたえ、全てにおいてバランスの取れた素晴らしい。最高にうまいよ。レバー臭さも全くなく、甘辛い味付けでご飯との相性も抜群。これだけでも十分なのにもう一つメインがあるんだよね。

ということで続けて小海老天。これは東京や横浜であまり見ない料理だ。サクサク衣で軽快な味わいがクセになります。塩コショウで味付けされていて、なんだかビールが飲みたくなる。休みなので飲んでもいいんだが、弟は仕事に戻るらしいので止めておく。

付け合わせのザーサイもうまい。弟の食べていたチャーハンもすごくうまそうだったので、次回今治に戻ってきたときは、是非食べてみよう。

（2019年12月）

愛媛・松山 二葉

ジューシーな鴨肉とツルツルおいしいおそばとの邂逅

四国に帰郷すると、大体松山から飛行機に乗ることになる。ということで、2018年の暮れに今治に帰った時も、やはり松山経由だった。そんなわけで、東京に戻る時も、松山経由。今回は、松山にてセンバさんと会うことに。畸人研究学会の頃からの古い親友だ。「おい

濃厚な鴨のダシを堪能できるおつゆ。あまりのおいしさに全部飲み干してしまいました

しい蕎麦屋に行きましょう」と誘ってくれて、JR松山駅からセンバさんの車に乗り込んだ。

目指すお店は石手寺のそば。陽の光も穏やかで、冬ののどかな一日。このあたりは道後も近いが、柔らかな緑が、とても心に優しい。ちょっと東京に戻りたくないなあ。さて蕎麦屋さんに到着。ここは料亭の『梅檀』が運営している『二葉』という店とのこと。何だかとても雰囲気のある店構えだな。

店内に入るとBGMが山下達郎で、なんともナイス。蕎麦屋っぽくないちょっとスタイリッシュな店内。大テーブルに座り、何にしようか。センバさんは「鴨せいろ」にするそうなので、私もそうする。1080円。出てきたお茶を飲みつつセンバさんと話をしていると、「鴨せいろ」登場。蓋がついていて、店の人が蓋を取ってくれる。おお、だし巻き玉子が付いているんだね。うれしい。

蕎麦がおいしいそうなので、まずは何もつけずにそのまま。…これはいい！　ツルツルの中にうまみがある。続けて塩で食べる。これもいい。しかしだ。やはりおつゆだ。ドブンとたっぷりつけて食べる。鴨の濃厚なダシとネギのシャキシャキを堪能できる素晴しいおつゆ。こりゃたまらんとズルズル食べる。

鴨肉も5枚も入っていて、ボリュームあるな。鴨肉は味が濃く、噛みしめるとうまみがじゅわっと出てくる。あまりのおいしさにおつゆも全部飲んでしまう。あ、柚子も入っていたんだね。

だし巻き玉子もいただこう。しっとりしていて甘くないタイプ。これだけでご飯が3杯食べられそうだ（笑）。と思っていると、「ちりめん山椒ご飯もありますよ」とセンバさん。じゃあいただきますと追加で注文。150円。白米の上にちりめん山椒がたっぷりのっかている。うわあ、こりゃうめえ。ちりめん山椒に爆発的なおかず力があると猛烈に食べてしまった。なんとセンバさんにごちそうになってしまった。センバさんありがとうございました！

（2018年12月）

長崎

あじ盛

〝長崎名物ちゃんぽんの店〟でいただいた具だくさん焼き飯

クリスマスイブに長崎にいた。用事が終わって一人でふらふらしている年末の他所の街って、とてもいいですね。

さて、夕方になり、とても焼き飯が食べたい気分だ（長崎とは全く関係ないですが…）。浜町アーケードをテクテク歩いていると、〝長崎名物ちゃんぽんの店〟と書かれた『あじ盛』というお店を発見。私の定食レーダーが反応した、これは間違いなく良い店の匂いがすると。店頭のメニュー板を見ると、「焼き飯」（650円）があるじゃないか！　これだ、ここしかない！

店内に入ると、昔ながらの食堂な佇まい。初めて入ったお店とは思えないほど落ち着くなあ。酒を飲んでいるおじさん、定食を食べているおばさん、一つのちゃんぽんを分けつつビールを飲んでいる外人カップルなどさまざま。いいねえ。

奥の4人席に座る。おかず310円＋めし＋汁という定食王道プレイも良かったが、ここは初志貫徹で、「焼き飯」を注文。2階のトイレをお借りして、帰ってきてお茶を飲みつつしばし待つ。最初にお吸い物、そして焼き飯登場。ああ素敵。ちゃんとツボ漬けも付

細かく刻まれたカマボコやさつま揚げの優しい味わいがいいアクセントになってます

いていてうれしい。

ではまずお吸い物から。ワカメとネギのこれぞまさに正真正銘のお吸い物。塩加減のエッジが立っていて実にナイス。

続けて、焼き飯。タマネギ、玉子、赤いカマボコ、さつま揚げ、そして肉が入っている。ちゃんぽんの店だから、カマボコやさつま揚げも応援にきているのだろうか（笑）。

スプーンですくってまずは一口食べるとパラリとしっとりの間で、味もしっかりしている。具の練り物の優しさがいい感じだな。この焼き飯に＋200円で、お吸い物をうどんに変えれるプレイもできるらしい。どうせだったらそうしてもよかったなあと思いつつ、焼き飯を食べ続けたのであった。

追記…店を出た後、すぐそばに『宗家　紅白庵』という大判焼の店があった。うまそうだ。少し小さな「こまかと」というのがあるので、それを買おう。今はカスタードしかないそうなので、それを4つ買う。一つ110円で440円。帰りの飛行機の中で食べたら、皮もクリームの甘さも絶妙。最高だった。

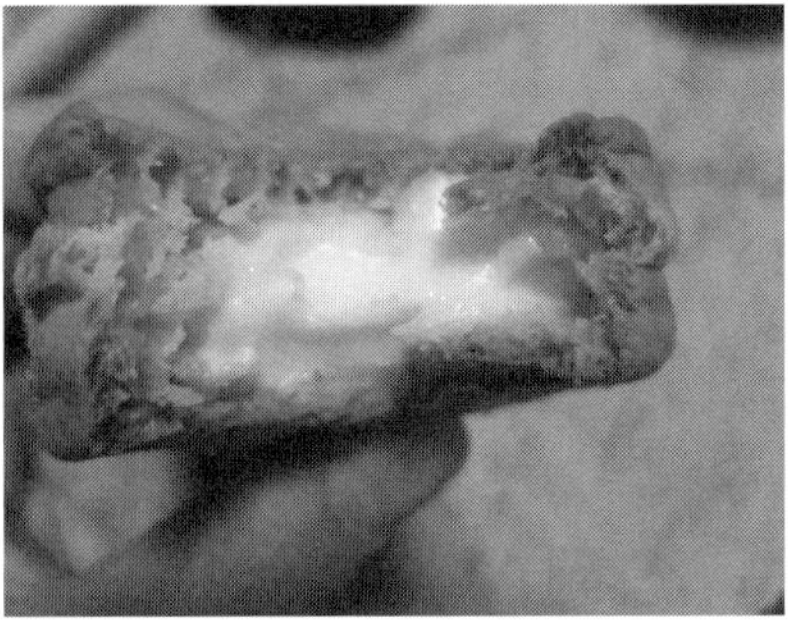

今度は紅（あずき）を買いたいものだ。

（2019年12月）

鹿児島 寿庵

噛みしめる度に肉の旨みが口の中に広がる黒豚のとんかつ

鹿児島放送で、とんかつの番組を作りたいので、是非出演してほしいと依頼がきた。ただし、撮影収録日がちょうど年末のものすごく立て込んでいる時期で、全部は出演できませんよとお話したら、それでもいいから来てほしいと言っていただいたので、伺うことに。

ただし、前日も午後まで用事があったので、羽田から飛行機に乗って、鹿児島へ着いたのはすっかり夜。到着後テレビ局の方が迎えにきてくれ、市内まで送迎してくれる。そのまま荷物をホテルに置いて、地下にある『寿庵』という黒豚しゃぶしゃぶとんかつの店でごちそうになりつつ、明日の打ち合わせ。いただいたのは、「黒豚ロースかつ＆豚ヒレカツ」の「相盛り」で2800円だったかと（2021年現在、同店のHPを見ると税込み3190円）。サラダ（水菜とキャベツ）、前菜、お造り（マグロとハマチ）から始まり、オプションで「黒豚豚骨煮」も追加してくれる。骨付きの豚肉だが、肉が柔らかくて味つけもとてもおいしい。一緒に煮てあるごぼうも豚の旨みが染み透っていて、最高。ビールもいただき、かなりいい気持になってしまった。

ちなみに、番組は、とんかつの歴史などの解説をタレントの方々にするというもの。途

鹿児島名物の黒豚を使用したとんかつ。さすがの一品でした

中でとんかつ、ご飯、味噌汁、漬物が出てくる。ここもゴマを摺って、ソースを入れて食べるタイプでした。

味噌汁は、ワカメと揚げ、そして青菜がたっぷり。カツは衣は薄めで、肉の味わいがとても濃い。さすがは黒豚。噛みしめると肉の旨みが口の中に広がる。ソースは「からくち」と「あまくち」と2種類あり、私は「あまくち」が好きかな。

それにしても受け止めるご飯がとてもいい。硬すぎず、柔らかすぎず、直球のおいしいご飯。しかし、ビールも飲み、黒豚豚骨煮も食べていたので、もうお腹がいっぱいだ。しかし、食後のデザート、水まんじゅう（紅いも）とソフトクリームはペロリと食べてしまう（笑）。デザートは別腹ですね。ソフトクリームのミルキーさはとても良かった。

かくして、食事後に解散。時計を見ると22時近く。ビールをいただき、ちょっと酔っぱらっているし、東京での用事がハードですぐにでもベッドで眠りたい気持ちもあったが、滅多にこない鹿児島なので、少し駅の周りを散策する。途中で営業していたスーパーがあったので、中に入り、スコール（愛のスコール！乳性炭酸飲料）、珍々豆（ピーナッツのお菓子）、いりこ餅などを買う。その後はホテルに戻り爆睡。翌日はホテルで朝食食べたら、すぐテレビ局の方が迎えに来てくれ、収録に臨んだ。そして午後最初の飛行機で東京に戻ったのであった。

いやあ、こんな密度の濃い、凄い旅は初めてでした。なお、撮影場所で、鹿児島放送に就職した、横浜国大時代の旧友Yくんに会え、しみじみと話ができたのはとてもよかった。ちなみに、番組は『おいどんのとんかつ』（２０１９年１月26日～ＯＡ）となりました。

（２０１８年12月）

柔らかく煮込まれた骨付き豚肉もデザートも最高でした

ホテルまでの帰り道、スーパーでご当地名物・いりこ餅をゲット

愛媛・松山

居酒屋　網元

見た目はまさに名前そのまま!?
未知の食べ物「亀の手」に初挑戦！

　2018年は愛媛新聞でコラムを連載した。愛媛県ゆかりの人が毎日連載するというもの。つまり、7人の執筆者が週1回決まった曜日に掲載されるのだ。ということで、私の場合は食に関するコラムを半年掲載してもらったが、予想以上に地元の反響が大きくビックリしました。連載は4~9月の期間だったが、年末に愛媛に帰ったとき、愛媛新聞社を訪ねた際、担当だったTさんや同社の社長まで挨拶にきてくださり、とてもうれしかった。

　その後、Tさんが食事に誘ってくれる。訪れたのは『居魚屋　網元』という店で、伊予鉄「土橋駅」「松山市駅」からわりとすぐ。店頭の屋根のあたりにはリアルな巨大なエビのオブジェがデーンと飾られていて異彩を放っている。店内も漁師小屋のような感じで、水槽の中をなんとウミガメが泳いでいた。水族館気分もほんの少しだけ味わえます（笑）。

　同店はサバの刺身が有名とのことなので、ビールを飲みつつそれをいただく。これはとても新鮮で素晴らしくうまい。続けて焼きカキなどもいただくが、メニューになんと「かめの手」があるじ

新鮮だからこそ食べられるサバの刺身はビールのお共に最適

ゃないか！　これ、磯の生物（甲殻類）で、名前の通り、亀の手のような形をしている。その存在は知っていたが、未だ食べたことはない。未知の食べ物だ。「それならばぜひ食べましょう」とTさんが注文してくれた。器に10本（？）ほどの亀の手が出てきた。こりゃスゲーや。見た目はホントに亀の手のよう（といってもそこまでじっくり亀の手を見たことはありませんが）。一つ取って、指でちぎると、そこからじゅわ～と汁が出てくるので、それをちゅっと吸う。すると、口の中いっぱいに磯の香が広がる。食感はコリコリしてまるで貝のようなおいしさ。「おいしいですね」とTさんに言うと「よかった」とほほ笑んでくれた。上京する前に今治でよく食べていた、海辺で取れる小さな三角形の貝に似ている気がする。あれ、東京ではシッタカという名前で結構な値段がするので驚いたよ。

その後、〆にいただいた海鮮チャーハンはとても「焼き飯」的な香ばしさで大満足でした。ありがとうTさん！（ということで松山ではごちそうになりっぱなしでした）

（2018年12月）

おわりに

街歩きと定食と買い物

２０２１年6月末に突然手紙がきた。差出人は借りているストレージ（倉庫）の会社。なんと都合により倉庫を閉鎖するので、８月末までに出て行ってほしいと。いやあ、参りました。その倉庫には相当数の書籍やプラモデルなどを収納していたからだ。駅近だったので、とりあえず置いておく場所としてもとても大事だった。別の倉庫を借りようかとも思ったが、その倉庫は格安な上にビルの地下で空調つきという好条件だったので、なかなか代替物件はない。さらに自宅内部と庭にも書庫があり、そこもすでに満杯なので、この際処分しちゃおうということで、それから2カ月間毎晩倉庫の整理を続けた。ただ、捨てるわけにも行かないので、雑誌は必要な部分を切り取ったり、本当に捨ててはいけないものの分類にとても時間がかかった。結局、５００キログラム（キログラムですよ！）の雑誌と本を捨て、５００冊ほどブックオフで売り、１０００冊ほど知人に差し上げた。いやあ、人生でこれほどまでに書籍を捨てた経験はありませんでした。倉庫の撤退は無事完了したのだが、その反動というか、「古

本ロス」の抜け殻のような状態となり、9月は新刊を含めてほとんど本を買わなかったなあ。

もっとも、以前に比べると街に古書店が少なくなっていることもあり、街歩きの中で古書を買うことはだいぶ減った。ただし、読書量はむしろかつてより増えている。まず図書館で借りて具合を調べて、絶対欲しいものを新刊で買うという流れですかね。ゆえに書籍代も以前よりも高くなっている。ただそれ以上に、本書でも登場しているように、東京メトロの旅を続けるほど、乗り換えの時にスイーツなどの名店を学ぶようになり、店で食べたり、買い物をするようになった。それはスイーツに限らない。91ページの錦糸町の「ロジェ」で紹介した「ジャパンミートセンター」のステーキ肉や、本書では出さなかったが、浅草や赤羽の「セキネ」の「シューマイ」や、また各町のパン屋さんなどだ（江戸川橋の「関口フランスパン」を友人に教えてもらったので今度行かないと）。「この路線でここに行ったら、ここ」というのが脳内地図に刻まれ、それが日々更新されている。

おそらく、次にみなさんにお会いする際には、定食屋とともに、新しい買い物スポットも紹介できると思います。それではみなさんお元気で！　またお会いしましょう。

２０２１年10月某日　夜中に豆大福を食べつつ　今柊二

ISBNコード:9784812444849

ISBNコード：9784812431207

ISBNコード:9784812490211

ISBNコード:9784812441534

立ちそば食べ歩き
ガイドエッセイ第2弾!!

四季折々、季節ごとの風を受けつつ食べたい
おいしい立ちそばの数々をお届けします。

『立ちそば春夏秋冬』

定価 835円(10%税込み)
ISBNコード:9784812488904

モツ肉食べて元気大爆発!
パワー全開食べ歩きエッセイシリーズ!!

ガンガン焼肉食べて
モリモリホルモン食べて
ガツンとエナジーチャージ!!

『たらふくホルモン』

定価 858円(10%税込み)
ISBNコード:9784812431207

祝! 定食食べ歩き
ガイドエッセイシリーズ
10周年記念作

"定食マエストロ"今柊二がさすらい見つけた
安くて旨くてお腹いっぱい大満足の
定食メニューをズラリご紹介!

『ニッポン定食散歩』

定価 880円(10%税込み)
ISBNコード:9784801912878

海の恵みを満喫!!
ニッポンお魚探訪。

"定食マイスター"今柊二が「日本人に生まれて良かった」と思える
うまくて病み付きになるお魚メニューを求めて
日本全国食べ歩きガイドエッセイ!!

『お魚バンザイ!』

定価 835円(10%税込み)
ISBNコード:9784812488904

大好評発売中!!

昭和平成令和定食紀行

2021年11月9日初版第1刷発行

著者●今柊二

発行人●後藤明信

発行所●株式会社 竹書房

〒102-0072 東京都千代田区三番町8番地1

三番町東急ビル6F

E-mail info@takeshobo.co.jp

URL http://www.takeshobo.co.jp

印刷所●凸版印刷株式会社